일본어 독해력 완성 프로그램

다락원 일한 대역문고

고급 7

다자이 오사무의 여학생

太宰治の女生徒

太宰治 著 | 최종훈 譯註

다락원

머리말

『다락원 일한 대역문고』 고급 시리즈는 일본어에 대한 체계가 잡혀 있는 중급 이상 수준의 학습자가 일본 문학작품을 통해서 일본어에 대한 이해를 높이는 것을 목표로 만들었습니다.

일본 국내외에서 완성도를 인정받은 일본 문학작품으로 일본어를 학습한다면 일본에 대한 지식도 쌓을 수 있어서 일본어 학습이 더욱 유익해질 것입니다.

일본어에 대한 감각이 일정 수준에 달하면 정확한 전달력뿐만 아니라 풍부한 표현력에 대한 요구도 강해집니다.

그런 점에서 현행 일본 고등학교 교과서에 실린 문학작품과 일본 문학계에서 천재성을 인정받은 여러 작가의 유명 작품들로 구성된 『다락원 일한 대역문고』 시리즈는 풍부한 일본어 표현력을 기르는 데 좋은 길잡이가 되어 줄 것입니다.

『다락원 일한 대역문고』 시리즈는 사전 없이 편리하게 학습할 수 있도록, 어휘 풀이는 물론 주요 문형에 대한 자세한 해설과 예문을 함께 실었습니다. 본문 해석은 직역(直譯)을 원칙으로 하되, 문학 작품임을 감안해 원문의 분위기를 흐리지 않는 범위 내에서 자연스러운 한국어 번역을 위해 의역(意譯)과 때로는 표현 가감을 선택했습니다. 『다락원 일한 대역문고』 고급 시리즈로 일본 문학작품을 읽는 재미는 물론 원어민의 정확한 발음으로 녹음된 오디오로 듣기 능력까지 함께 향상시키시기 바랍니다. 여러분의 일본어 학습에 도움이 되기를 바랍니다.

다락원 일한 대역문고 연구회

『다락원 일한 대역문고』 이렇게 보세요

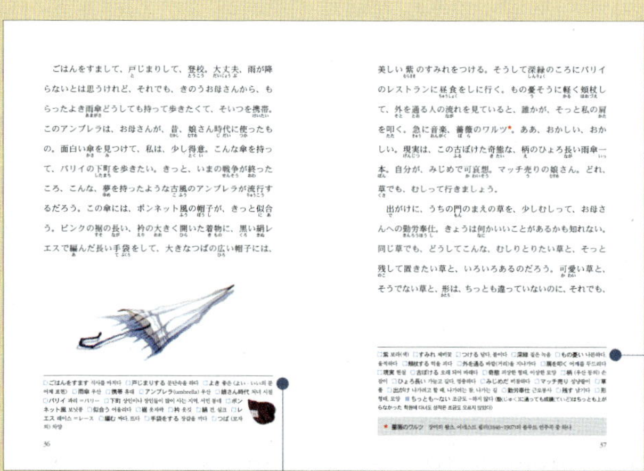

ごはんをすまして、戸じまりして、登校。大丈夫、雨が降らないとは思うけれど、それでも、きのうお母さんから、もらったよき雨傘どうしても持って歩きたくて、そいつを携帯。このアンブレラは、お母さんが、昔、娘さん時代に使ったもの。面白い傘を見つけて、私は、少し得意。こんな傘を持って、パリイの下町を歩きたい。きっと、いまの戦争が終ったころ、こんな、夢を持ったような古風のアンブレラが流行するだろう。この傘には、ボンネット風の帽子が、きっと似合う。ピンクの裾の長い、衿の大きく開いた着物に、黒い絹レエスで編んだ長い手袋をして、大きなつばの広い帽子には、

56

美しい紫のすみれをつける。そうして深緑のころにパリイのレストランに昼食をしに行く。もの憂そうに軽く頬杖して、外を通る人の流れを見ていると、誰かが、そっと私の肩を叩く。急に音楽、薔薇のワルツ*。ああ、おかしい、おかしい。現実は、この古ぼけた奇態な、柄のひょろ長い雨傘一本。自分が、みじめで可哀想。マッチ売りの娘さん。どれ、草でも、むしって行きましょう。

出がけに、うちの門のまえの草を、少しむしって、お母さんへの勤労奉仕。きょうは何かいいことがあるかも知れない。同じ草でも、どうしてこんな、むしりとりたい草と、そっと残して置きたい草と、いろいろあるのだろう。可愛い草と、そうでない草と、形は、ちっとも違っていないのに、それでも、

57

어휘 설명

자세한 해설과 함께, 본문에 히라가나로 쓰인 단어 중 한자와 함께 익혀 두면 좋은 어휘에는 한자 표기를 병기하고, 또 예문에 쓰인 단어 중 읽기가 어려운 단어에는 읽는법을 밝혔습니다.

사진 자료는 어휘 해설에 대한 빠르고 정확한 이해를 도와줍니다.

문형 해설

주요 문형의 뜻풀이와 접속을 예문과 함께 알기 쉽게 정리했습니다.

일러두기

일본어의 한국어 표기는 다음과 같습니다.
장음은 단음으로 표기했습니다. 예 大阪 — 오사카
발음 표기는 로마자 표기의 발음에 따랐습니다. 예 つかう (tsukau) — 츠카우
촉음은 'ㅅ'으로 표기했습니다.

문형 접속 해설에 쓰인 활용형의 설명은 다음과 같습니다.
ます형(연용형) — ます가 붙기 이전의 형태
ない형 — ない가 붙기 이전의 형태
て형・た형 — 각각 て・た가 붙은 형태
な형용사な・명사の — な형용사의 어간에 な가 붙은 형태, 명사에 の가 붙은 형태
동사・い형용사・な형용사의 기본형 — 동사・い형용사는 사전에 실려 있는 형태, な형용사는 어간에 だ가 붙은 형태
보통형 — 기본형, 부정형, 과거형, 과거부정형

오디오 CD

원어민 성우의 정확한 내레이션으로 듣는 즐거움도 쌓으세요.

목차

다자이 오사무의 여학생

太宰治の女生徒

작가 소개

太宰治(だざい おさむ, 1909~1948)

본명은 津島修治(つしましゅうじ)로, 青森(あおもり)현 津軽(つがる) 굴지의 대지주의 아들로 태어났다.

1928년 당시 유행하던 프로레타리아 문학에 영향을 받아 동인지 『細胞文芸(さいぼうぶんげい)』를 발행하기도 하였으나, 1929년 자신의 사회적 출신 계급과의 괴리에서 오는 고민으로 자살 미수를 일으키기도 했다. 1930년 프랑스 문학을 동경하여 東京帝国大学(とうきょうていこくだいがく) 불문학과에 입학하지만, 당시 비합법운동에 빠져 유급을 반복하던 끝에 제적되었다. 1935년 처음으로 동인지 이외의 문예지인 『文藝(ぶんげい)』에 「逆行(ぎゃっこう)」을 발표하는데, 이 작품이 제1회 芥川賞(あくたがわしょう)에 입후보 되지만 차석으로 수상하지는 못했다.

1936년 첫 창작집인 『晩年(ばんねん)』을 간행하고 이후 「走(はし)れメロス(1940년)」「斜陽(しゃよう)(1947년)」「桜桃(おうとう)(1948년)」「人間失格(にんげんしっかく)(1948년)」 등 수많은 걸작을 발표하였으나, 1948년 山崎富栄(やまざきとみえ)(1917~1948)와 함께 玉川上水(たまがわじょうすい)(용수로)에 몸을 던져 스스로 생을 마감했다. 두 사람의 시신이 발견된 날은 공교롭게도 太宰의 생일인 6월 19일로, 太宰의 묘가 있는 三鷹(みたか)의 禅林寺(ぜんりんじ)에는 이 날을 桜桃忌(おうとうき)라고 하여 많은 애호가들이 찾아 그를 기리고 있다.

작품 소개

満願

1938년 『文筆』(ぶんぴつ)에 발표된 작품으로, 1937년 小山初代(おやまはつよ)(1912~1944)와의 자살 미수 사건 이후 한동안 붓을 놓았던 太宰가 마음의 안정을 찾아 쓰기 시작한 때의 작품으로, 그때까지 보여지던 반항적 성격의 작품과 확연히 다르게 인간의 선의에 대한 신뢰와 건강을 기원하는 마음을 담아 밝고 간결한 문체로 전하고 있다.

女生徒

1939년 『文学界』(ぶんがくかい)〈文藝春秋社(ぶんげいしゅんじゅうしゃ)가 발행하는 문예지로, 일본 4대 문예지 중 하나〉에 발표한 작품으로, 太宰의 작품을 좋아했던 有明淑(ありあけしず)(1919~1981)가 보내온 일기에 근거하여 집필했다. 한 여학생의 아침에 일어나 밤에 잠들기까지의 하루를 1인칭시점의 독백 형식을 빌어 그린 작품으로, 川端康成(かわばたやすなり)(1899~1972)가 격찬한 太宰의 대표작 중 하나이다. 사춘기 소녀가 빠져들기 쉬운 염세적인 심리를 섬세한 내면 묘사를 통해 자연스럽고 매끄럽게 표현하고 있다.

太宰治記念館 「斜陽館」

満願(まんがん)

これは、今(いま)から、四年まえの話である。私が伊豆(いず)の三島(みしま)の知(し)り合(あ)いのうちの二階(にかい)で一夏(ひとなつ)を暮(くら)し、ロマネスクという小説(しょうせつ)を書いていたころの話である。ある夜、酔(よ)いながら自(じ)転車(てんしゃ)に乗(の)りまちを走(はし)って、怪我(けが)をした。右足(みぎあし)のくるぶしの上(うえ)のほうを裂(さ)いた。疵(きず)は深(ふか)いものではなかったが、それでも酒(さけ)をのんでいたために、出血(しゅっけつ)がたいへんで、あわててお医者(いしゃ)に

□**満願** 만원 : 신불(神佛)에 기원하기로 정한 기간의 날짜가 다 됨 □**伊豆の三島** 현재 静岡県(しずおかけん) 동부 伊豆 반도의 중북부에 위치한 마을 □**一夏** 한 번의 여름 □**ロマネスク** 로마네스크 〈1934년 발표한 작품으로. 세 개의 이야기로 구성되어 있음〉 □**酔う** (술에) 취하다 □**まち**(街) 거리 □**怪我をする** 상처를 입다, 부상을 당하다 □**くるぶし** 복사뼈 □**裂く** 찢다 ↔ 裂(さ)ける 찢어지다 □**疵** 상처, 흠, 결점 □**出血** 출혈 □**あわてる** 당황하다, 몹시 서두르다

駈けつけた。まち医者は三十二歳の、大きくふとり、西郷隆盛*に似ていた。たいへん酔っていた。私と同じくらいにふらふら酔って診察室に現われたので、私は、おかしかった。治療を受けながら、私がくすくす笑ってしまった。するとお医者もくすくす笑い出し、とうとうたまりかねて、ふたり声を合せて大笑いした。

　その夜から私たちは仲良くなった。お医者は、文学よりも哲学を好んだ。私もそのほうを語るのが、気が楽で、話がはずんだ。お医者の世界観は、原始二元論ともいうべきもので、

□駈けつける 달려가다 □まち医者 동네 의사 □ふらふら 비틀비틀, 흔들흔들 □診察室 진찰실 □現われる 나타나다 □治療を受ける 치료를 받다 □くすくす 몰래 작은 소리로 웃는 모양, 킥킥 □すると 그러자, 그랬더니 □とうとう 드디어, 마침내, 결국 □たまる 참다, 견디다 ■ ~かねる (동사 ます형에 붙어) ~하기 어렵다, ~할 수 없다 〈その日は忙(いそが)しくて出席(しゅっせき)しかねます 그 날은 바빠서 출석하기 어렵습니다〉 □大笑いする 큰 소리로 웃다 □仲良くなる 사이가 좋아지다, 친하게 되다 □哲学 철학 □好む 좋아하다, 즐기다 □語る 말하다, 이야기하다 □気が楽だ 마음이 편하다 □話がはずむ 이야기가 활기를 띠다 □原始二元論 원시이원론 ■ ~べき (동사 기본형에 붙어) ~해야 될, ~하는 것이 적절한 〈단 する는 すべき 형태도 사용함 | 彼は料理の達人(たつじん)というべきだ 그는 요리의 달인이라고 할 만하다〉

* 西郷隆盛(1827~1877) 일본 明治(めいじ) 유신을 이끈 인물 중 하나로, 정한론을 제창하지만 받아들여지지 않자 낙향하여 후학 양성에 힘썼다. 후에 이 제자들이 그를 옹호하여 군대를 일으켰으나 정부 군에 진압되자 자결로 생을 마감했다. 이를 西南戦争(せいなんせんそう)라고 한다. 토쿄의 上野(うえの) 공원에 그의 동상이 있다.

世の中の有様をすべて善玉悪玉の合戦と見て、なかなか歯切れがよかった。私は愛という単一神を信じたく内心つとめていたのであるが、それでもお医者の善玉悪玉の説を聞くと、うっとうしい胸のうちが、一味爽涼を覚えるのだ。たとえば、宵の私の訪問をもてなすのに、ただちに奥さんにビールを命ずるお医者自身は善玉であり、今宵はビールでなくブリッジ(トランプ遊戯の一種)いたしましょう、と笑いながら提議する奥さんこそは悪玉である、というお医者の例証には、私も素直に賛成した。奥さんは、小がらの、おたふくがおであったが、色が白く上品であった。子供はなかったが、奥さんの弟で沼津の商業学校にかよっている大人しい少年がひとり、二階にいた。

□有様 꼴, 모양, 상태 □善玉悪玉 선인과 악인 □合戦 싸움 □歯切れがいい (말씨나 발음이) 시원시원하고 분명하다 □愛 사랑, 애정 □単一神 단일신, 유일신 □内心 내심, (마음) 속으로 □つとめる(努める) 노력하다, 애쓰다 □説 설, 이야기 □うっとうしい 울적하다, 찌무룩하다, 거추장스럽다, 귀찮다 □一味爽涼 아주 상쾌하고 시원함 □宵 저녁, 초저녁 □訪問 방문 □もてなす 접대하다, 대접하다 □ただちに 즉시, 당장 □命ずる 명령하다, 지시하다 □今宵 오늘밤 □ブリッジ 브리지 〈4명이 두 조로 나누어 하는 카드 놀이〉 □トランプ 트럼프 □遊戯 유희, 놀이 □提議する 제의하다, 제안하다 □～こそ ~야말로 □例証 예증 □素直に 순순히, 온순하게 □賛成する 찬성하다 □小がら 몸집이 작음 ↔ 大柄(おおがら) 몸집이 큼 □おたふくがお 둥근 얼굴에 이마와 광대뼈가 나오고 코가 납작한 여자, 못생긴 여자 □上品だ 고상하다, 기품이 있다 □商業学校 상업학교 □大人しい 얌전하다, 조용하다, 어른스럽다

お医者の家では、五種類の新聞をとっていたので、私はそれを読ませてもらいにほとんど毎朝、散歩の途中に立ち寄って、三十分か一時間お邪魔した。裏口からまわって、座敷の縁側に腰をかけ、奥さんの持って来る冷たい麦茶を飲みながら、風に吹かれてぱらぱら騒ぐ新聞を片手でしっかり押えつけて読むのであるが、縁側から二間と離れていない、青草原のあいだを水量たっぷりの小川がゆるゆる流れていて、その小川に沿った細い道を自転車で通る牛乳配達の青年が、毎朝きまって、おはようございます、と旅の私に挨拶した。その時刻に、薬をとりに来る若い女のひとがあった。簡単服に下駄をはき、清潔な感じのひとで、よくお医者と診察室で笑い合っていて、ときたまお医者が、玄関までそのひとを見送り、

□種類 종류 □新聞をとる 신문을 구독하다 □ほとんど 거의, 대부분 □途中 도중 □立ち寄る 들르다 □お邪魔する 폐를 끼치다 □裏口 뒷문 □まわる 돌아서 가다, 돌다 □座敷 다다미가 깔린 방, 객실 □縁側 툇마루 □腰をかける 걸터앉다 □麦茶 보리차 □ぱらぱら 펄럭펄럭 □騒ぐ 소란스럽다, 시끄럽다 □片手 한 손 □押えつける 꽉 누르다 □～間 ~칸 〈한 칸은 약 1.8미터임〉 □離れる 떨어지다 □青草原 푸른 풀밭 □～のあいだ(間) ~사이 □水量 수량 □たっぷり 듬뿍, 가득 □小川 작은 시내, 실개천 □ゆるゆる 졸졸 □沿う 따르다 〈～に沿う의 형태로 많이 쓰임〉 □きまって 반드시, 늘, 항상, 의례 □旅 여행 □下駄 나막신 □清潔だ 청결하다 □ときたま 때때로, 가끔 □見送る 배웅하다

「奥さま、もうすこしのご辛抱(しんぼう)ですよ。」と大声(おおごえ)で叱咤(しった)することがある。

お医者の奥さんが、あるとき私に、そのわけを語って聞かせた。小学校の先生の奥さまで、先生は、三年まえに肺(はい)をわるくし、このごろずんずんよくなった。お医者は一所懸命(いっしょけんめい)で、その若い奥さまに、いまがだいじのところと、固(かた)く禁(きん)じた。奥さまは言(い)いつけを守(まも)った。それでも、ときどき、なんだか、ふびんに伺(うかが)うことがある。お医者は、その都度(つど)、心を鬼(おに)にして、奥さまもうすこしのご辛抱ですよ、と言外(げんがい)に意味(いみ)をふくめて叱咤するのだそうである。

□**辛抱** 참고 견딤, 인내 □**叱咤する** 질타하다 □**わけ**(訳) 이유, 원인 □**肺** 폐 □**ずんずん** 일이 빨리 진행되거나 진척되는 모양, 척척, 부쩍부쩍 □**一所懸命** 열심(임) □**ところ** 시점, 때 □**固く** 강하게, 엄하게 □**禁じる** 금지하다 □**言いつけ** 명령, 지시 □**守る** 지키다 □**なんだか** 왠지, 어쩐지 □**ふびん** (처해진 상황이나 처지가) 딱함, 가엾음, 불쌍함 □**伺う** 방문하다, 찾아오다 □**その都度** 그때마다 □**心を鬼にする** 마음을 독하게 먹다 □**言外に** 언외에 □**ふくめる** 포함하다

八月のおわり、私は美しいものを見た。朝、お医者の家の縁側で新聞を読んでいると、私の傍(そば)に横座(よこずわ)りに座っていた奥さんが、

「ああ、うれしそうね。」と小声(こごえ)でそっと囁(ささや)いた。

ふと顔をあげると、すぐ目のまえの小道(こみち)を、簡単服を着た清潔な姿(すがた)が、さっさっと飛(と)ぶようにして歩いていった。白いパラソルをくるくるっとまわした。

「けさ、おゆるしが出たのよ。」奥さんは、また、囁く。

三年、と一口(ひとくち)にいっても、——胸がいっぱいになった。年(とし)つき経(た)つほど、私には、あの女性の姿が美しく思われる。あれは、お医者の奥さんのさしがねかも知れない。

□傍 옆, 곁　□横座り 옆으로 비스듬히 앉음　□そっと 살짝, 슬쩍　□囁く 속삭이다　□ふと 문득　□小道 작은 길　□さっさっと 재빠르게　□パラソル 부인용 우산　□くるくる 빙글빙글　□まわす 돌리다　□ゆるし 허가, 허락 〈ゆるしが出る 허가가 나오다, 허락이 떨어지다〉　□一口にいう 한마디로 말하다　□胸がいっぱいになる 가슴이 벅차오다　□年つき 세월　□経つ (시간이) 흐르다, 지나가다, 경과하다　□～ほど ~할 만큼, ~할수록　□さしがね (뒤에서 하는) 조종, 지시

女生徒(じょせいと)

あさ、目(め)を覚(さ)ますときの気持ちは、面白(おもしろ)い。かくれんぼのとき、押入(おしい)れの真(ま)っ暗(くら)い中(なか)に、じっと、しゃがんで隠(かく)れていて、突然(とつぜん)、でこちゃんに、がらっと襖(ふすま)をあけられ、日(ひ)の光(ひかり)がどっと来て、でこちゃんに、「見(み)つけた！」と大声(おおごえ)で言われて、まぶしさ、それから、へんな間(ま)の悪(わる)さ、それから、胸(むね)が

□目を覚ます 눈을 뜨다, 기상하다 □かくれんぼ 숨바꼭질 □押入れ 붙박이장 □じっと 가만히, 조용히 □しゃがむ 웅크리다, 쭈그리다 □隠れる 숨다 □突然 돌연, 갑자기 □でこちゃん 짱구 〈でこ 튀어 나옴 | おでこ 이마〉 □がらっと 드르륵 □襖 장지문 〈나무로 골격을 짜고, 안팎으로 종이나 천 등을 대어 바른 문〉 □光 빛 □どっと 사람이나 물건이 한꺼번에 몰려드는 모양, 우르르, 와, 왈칵 □見つける 찾아내다, 발견하다 □まぶしさ 눈부심 □へんだ 이상하다 □間の悪さ 겸연쩍음, 어색함

どきどきして、着物(きもの)のまえを合(あわ)せたりして、ちょっと、てれくさく、押入れから出て来て、急(きゅう)にむかむか腹立(はらだ)たしく、あの感じ、いや、ちがう、あの感じでもない、なんだか、もっとやりきれない。箱(はこ)をあけると、その中(なか)に、また小さい箱があって、その小さい箱をあけると、またその中に、もっと小さい箱があって、そいつをあけると、また、また、小さい箱があって、その小さい箱をあけると、また箱があって、そうして、七(なな)つも、八(やっ)つも、あけていって、とうとうおしまいに、さいころくらいの小さい箱が出て来て、そいつをそっとあけてみて、何(なに)もない、からっぽ、あの感じ、少し近(ちか)い。パチッと目がさめるなんて、あれは嘘(うそ)だ。濁(にご)って濁って、そのうちに、だんだん澱粉(でんぷん)が下に沈み、少しずつ上澄(うわず)みが出来て、やっと疲(つか)れて目がさめる。朝は、なんだか、しらじらしい。

□胸がどきどきする 가슴이 두근거리다 □まえを合せる 앞자락을 여미다 □てれくさい 멋쩍다, 쑥스럽다 □むかむか 화가 갑자기 치밀어 오르는 모양, 울컥 □腹立たしい 화가 나다 □やりきれない 견딜 수 없다 □箱をあける 상자를 열다 □おしまいに 마침내, 끝으로 □さいころ 주사위 □からっぽ 텅 빔 □パチッと 번쩍 □目がさめる 눈이 뜨이다, 잠이 깨다 ■ ~なんて (의외 · 놀람 등을 나타내어) ~하다니, ~이라니 〈そこまで１時間もかかるなんて、おかしいですね 그곳까지 1시간이나 걸리다니 이상하네요〉 □濁る 흐려지다, 탁해지다 □そのうちに 그 사이에, 그러는 중에 □澱粉 전분, 녹말가루 □沈む 가라앉다 □上澄み 웃물 : 액체 침전물의 윗부분에 생기는 맑은 물 □やっと 겨우, 간신히 □しらじらしい 흥이 가시다, 재미없다

悲(かな)しいことが、たくさんたくさん胸(むね)に浮(う)かんで、やりきれない。いやだ。いやだ。朝の私はいちばん醜(みにく)い。両方(りょうほう)の脚(あし)が、くたくたに疲れて、そうして、もう、何もしたくない。熟睡(じゅくすい)していないせいかしら。朝は健康(けんこう)だなんて、あれは嘘。朝は灰色(はいいろ)。いつもいつも同じ。いちばん虚無(きょむ)だ。朝の寝床(ねどこ)の中で、私はいつも厭世的(えんせいてき)だ。いやになる。いろいろ醜い後悔(こうかい)ばっかり、いちどに、どっとかたまって胸をふさぎ、身悶(みもだ)えしちゃう。

□胸に浮かぶ 마음에 걸리다 □醜い 추하다, 보기 흉하다 □脚 다리 □くたくた 녹초가 됨, 기진맥진함 □熟睡する 숙면하다, 푹 자다 □～かしら ~일까? 〈주로 여성들이 씀〉 □灰色 회색, 잿빛 □虚無だ 허무하다 □寝床 침상, 잠자리 □厭世的だ 염세적이다 □後悔 후회 □～ばっかり ~만, ~뿐 〈ばかり의 힘줌말〉 □かたまる 한데 모이다, 뭉치다, 굳어지다, 단단해지다 □ふさぐ 막다, 가로막다, 틀어막다 □身悶えする 몸부림치다

朝は、意地悪。

「お父さん」と小さい声で呼んでみる。へんに気恥ずかしく、うれしく、起きて、さっさと蒲団をたたむ。蒲団を持ち上げるとき、よいしょ、と掛け声して、はっと思った。私は、いままで、自分が、よいしょなんて、げびた言葉を言い出す女だとは、思ってなかった。よいしょ、なんて、お婆さんの掛け声みたいで、いやらしい。どうして、こんな掛け声を発したのだろう。私のからだの中に、どこかに、婆さんがひとついるようで、気持ちがわるい。これからは、気をつけよう。ひとの下品な歩き恰好を顰蹙していながら、ふと、自分も、そんな歩きかたしているのに気がついた時みたいに、すごく、しょげちゃった。

□意地悪 심술쟁이 □気恥ずかしい 부끄럽다, 멋쩍다 □さっさと 당장, 재빨리 □蒲団 이불 = 布団 □たたむ 접다, 개다 □持ち上げる 들어올리다 □よいしょ 무거운 것을 들어올리거나 힘을 쓸 때 내는 소리, 으샤, 영차 □掛け声 기운을 돋우거나 장단을 맞추기 위하여 지르는 소리 □はっと 갑자기 생각이 나거나 뜻밖의 일로 놀라는 모양, 문득, 덜컥, 깜짝 □げびる (언행이) 품위가 없어 보이다, 천해 보이다 □言い出す 말을 꺼내다, 말을 하다 □いやらしい 불쾌감이 들다, 불쾌감이 들 만큼 부자연스럽다, 징그럽다 □声を発する 소리를 내다 □気持ちがわるい 기분이 나쁘다 □下品 품위가 없음 □歩き恰好 걷는 모습 □顰蹙する 빈축하다 □歩きかた(歩き方) 걸음걸이 □気がつく 알아채다, 눈치채다 □しょげる 기가 죽다, 풀이 죽다

朝は、いつでも自信がない。寝巻(ねまき)のままで鏡台(きょうだい)のまえに座る。眼鏡(めがね)をかけないで、鏡(かがみ)を覗(のぞ)くと、顔が、少しぼやけて、しっとり見える。自分の顔の中でいちばん眼鏡がいやなのだけれど、他(ほか)の人(ひと)には、わからない眼鏡のよさも、ある。眼鏡をとって、遠(とお)くを見るのが好(す)きだ。全体(ぜんたい)がかすんで、夢(ゆめ)のように、覗(のぞ)き絵(え)みたいに、すばらしい。汚(きた)ないものなんて、何(なに)も見えない。大きいものだけ、鮮明(せんめい)な、強(つよ)い色(いろ)、光(ひかり)だけが目にはいって来る。眼鏡をとって人を見るのも好き。相手(あいて)の顔が、皆(みんな)、優(やさ)しく、きれいに、笑って見える。それに、眼鏡をはずしている時は、決(けっ)して人と喧嘩(けんか)をしようなんて思わないし、悪口(わるくち)も言いたくない。ただ、黙(だま)って、ポカンとしているだけ。そうして、そんな時の私は、人にもおひとよしに見えるだろうと思えば、なおのこと、私は、ポカンと安心(あんしん)して、

□寝巻 잠옷 ■ ～まま (동사 た형, 명사の에 붙어) ~한 채, ~한 대로 〈靴を履(は)いたまま入らないでください 신을 신은 채 들어오지 마세요〉 □鏡台 경대, 화장대 □覗く 들여다보다, 엿보다 □ぼやける 흐릿해지다, 희미해지다, 부예지다 □しっとり 촉촉하게, 참한 □霞む 희미하게 보이다, 흐릿하게 보이다, 안개가 끼다 □覗き絵 좁은 구멍으로 들여다보는 그림 □すばらしい 멋지다, 훌륭하다 □汚ない 더럽다 □鮮明 선명(함) □目にはいる 눈에 들어오다 □相手 상대방 □決して～ない 결코 ~하지 않다 □悪口 욕, 험담 〈悪口を言う 욕을 하다〉 □ただ 그냥, 그저, 단지 □黙る 입을 다물다, 침묵하다 □おひとよし 너무 선량하고 어수룩함 또 그런 사람 □なおのこと 더한층, 더더욱 〈なお의 힘준말〉 □ポカンと 멍하니, 멍청하게

甘(あま)えたくなって、心(こころ)も、たいへんやさしくなるのだ。だけど、やっぱり眼鏡は、いや。眼鏡をかけたら顔という感じが無(な)くなってしまう。顔から生(うま)れる、いろいろの情緒(じょうちょ)、ロマンチック、美(うつく)しさ、激(はげ)しさ、弱(よわ)さ、あどけなさ、哀愁(あいしゅう)、そんなもの、眼鏡がみんな遮(さえぎ)ってしまう。それに、目でお話をするということも、おかしなくらい出来(でき)ない。

眼鏡は、お化け。

自分で、いつも自分の眼鏡が厭(いや)だと思っているゆえか、目の美しいことが、いちばんいいと思われる。鼻(はな)が無くても、口が隠(かく)されていても、目が、その目を見ていると、もっと自分が美しく生(い)きなければと思わせるような目であれば、いいと思っている。私の目は、ただ大きいだけで、なんにもならない。

□甘える (윗사람에게) 허물없이 행동하다, 응석 부리다, 어리광 부리다 □生れる 생기다, 태어나다 □情緒 정서 □ロマンチック 로맨틱 □激しさ 과격함, 격렬함 □弱さ 나약함, 연약함 □あどけなさ 천진난만함, 순진하고 사랑스러움, 어리고 귀여움 □哀愁 애수 □遮る 막다, 차단하다 □おかしな 이상하다, 묘하다, 수상하다, 재미있다 □お化け 귀신, 도깨비 □自分で 스스로 □ゆえ(故) 까닭, 이유, 원인 □隠される 감춰지다, 숨겨지다 □生きる 살다 □なんにもならない 아무 짝에도 쓸모없다

じっと自分の目を見ていると、がっかりする。お母さんでさえ、つまらない目だと言っている。こんな目を光の無(な)い目と言うのであろう。たどん、と思うと、がっかりする。これですからね。ひどいですよ。鏡に向(む)かうと、そのたんびに、うるおいのあるいい目になりたいと、つくづく思う。青(あお)い湖(みずうみ)のような目、青い草原(そうげん)に寝(ね)て大空(おおぞら)を見ているような目、ときどき雲(くも)が流(なが)れて写(うつ)る。鳥(とり)の影(かげ)まで、はっきり写る。美しい目のひととたくさん逢(あ)ってみたい。

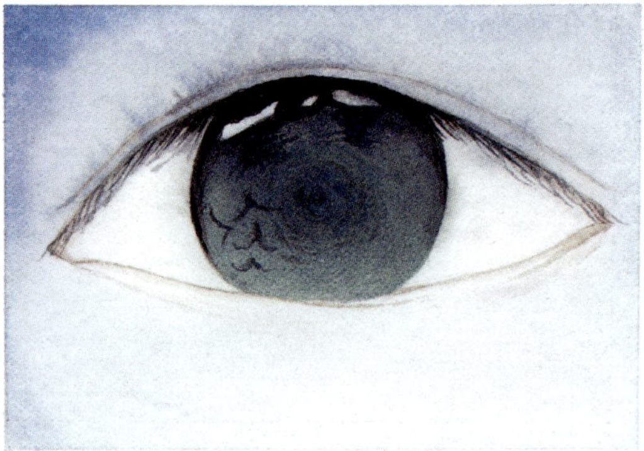

□がっかりする 실망하다 ■ ~(で)さえ (명사에 붙어) ~조차, ~마저, ~까지 〈水でさえ飲めないほど、のどが腫(は)れていてつらい 물 조차 마실 수 없을 만큼 목이 부어서 괴롭다〉 □つまらない 심심하다, 지루하다, 별 볼일 없다 □たどん 숯덩이 □~に向かう ~을 향하다, ~을 마주하다 □~たんびに (동사 기본형, 명사の에 붙어) ~할 때마다 〈~たびに의 회화체 표현〉 □うるおい 윤기 □つくづく 절실히, 정말, 아주 □湖 호수 □草原 초원, 풀밭 □大空 넓은 하늘 □写る 비치다 □影 그림자 □はっきり 확실하게, 명확하게 □逢う 만나다

けさから五月(ごがつ)、そう思うと、なんだか少し浮(う)き浮(う)きして来た。やっぱり嬉(うれ)しい。もう夏(なつ)も近(ちか)いと思う。庭(にわ)に出るといちごの花(はな)が目にとまる。お父さんの死(し)んだという事実(じじつ)が、不思議(ふしぎ)になる。死んで、いなくなる、ということは、理解(りかい)できにくいことだ。腑(ふ)に落(お)ちない。お姉(ねえ)さんや、別(わか)れた人(ひと)や、長(なが)いあいだ逢わずにいる人たちが懐(なつ)かしい。どうも朝は、過(す)ぎ去(さ)ったこと、もうせん*の人たちの事(こと)が、いやに身近(みぢか)に、おタクワンの臭(にお)いのように味気(あじけ)なく思(おも)い出(だ)されて、叶(かな)わない。

□**浮き浮きする** (기분이) 들뜨다 □**嬉しい** 기쁘다 □**庭** 정원, 마당, 뜰 □**いちご** 딸기 □**目にとまる** 눈에 띄다, 눈에 들어오다 □**不思議になる** 이상해지다 □**理解できる** 이해되다, 이해할 수 있다 □**腑に落ちない** 납득이 가지 않다, 이해가 되지 않다 □**別れる** 헤어지다, 이별하다 □**長いあいだ(間)** 오랫동안 ■ **～ずに** (동사 ない형에 붙어 부정을 나타냄. 단, する는 せず, 来る는 こず가 됨) ~하지 않고 〈彼女は1キロを休まずに泳(およ)いだ 그녀는 1킬로미터를 쉬지 않고 헤엄쳤다〉 □**懐かしい** 그립다 □**過ぎ去る** 지나가다 □**いやに** 이상하게 □**身近に** 가깝게, 친근하게 □**おタクワン** 단무지 □**味気ない** 싱겁다, 재미없다, 따분하다 □**思い出す** 생각나다, 떠오르다 □**叶う** (바람이나 소망이) 이루어지다

* **もうせん** 동물의 털을 가공하여 만든 직물, 펠트. 일본이 경제적으로 어려웠던 시절에 이 직물로 기모노를 만들어 입었다고 한다. 그래서 もうせんの人라고 하면 값싼 もうせん으로 만든 기모노를 입고 있는 사람 즉, 서민을 가리키는 말로 쓰였다.

ジャピイと、カア（かわいそうな犬だから、カアと呼ぶんだ）と、二匹(にひき)もつれ合(あ)いながら、走って来た。二匹をまえに並(なら)べて置いて、ジャピイだけを、うんと可愛(かわい)がってやった。ジャピイの真(ま)っ白(しろ)い毛(け)は光(ひか)って美しい。カアは、きたない。ジャピイを可愛がっていると、カアは、傍(そば)で泣(な)きそうな顔をしているのをちゃんと知っている。カアが片輪(かたわ)だということも知っている。カアは、悲(かな)しくて、いやだ。可哀想(かわいそう)で可哀想でたまらないから、わざと意地悪(いじわる)くしてやるのだ。カアは、野良犬(のらいぬ)

□つれ合う 함께 데리고 가(오)다, 동반하다, 동행하다 **□並べる** 나란히 놓다 **□うんと** 분량이 많거나 정도가 심한 모양, 잔뜩, 실컷, 훨씬, **□毛** 털 **□光る** 빛나다 **□～顔をする** ~얼굴을 하다, ~표정을 짓다 **□片輪** 불구자, 자동차의 한쪽 바퀴 **■～てたまらない** ~해서 견딜 수 없다, ~해서 참을 수 없다 〈ピアノの練習(れんしゅう)がつらくてたまらない 피아노 연습이 힘들어서 견딜 수가 없다〉 **□わざと** 일부러, 고의로 **□意地悪くする** 심술궂게 굴다, 괴롭히다 **□野良犬** 들개, 떠돌이 개 〈野良猫(のらねこ) 들고양이, 도둑고양이〉

みたいに見えるから、いつ犬殺(いぬごろ)しにやられるか、わからない。カアは、足(あし)が、こんなだから、逃(に)げるのに、おそいことだろう。カア、早(はや)く、山(やま)の中(なか)にでも行きなさい。おまえは誰(だれ)にも可愛がられないのだから、早く死ねばいい。私は、カアだけでなく、人にもいけないことをする子なんだ。人を困(こま)らせて、刺激(しげき)する。ほんとうに厭(いや)な子なんだ。縁側に腰(こし)かけて、ジャピイの頭を撫(な)でてやりながら、目に浸(し)みる*青葉(あおば)を見ていると、情(なさけ)なくなって、土(つち)の上に座りたいような気持ちになった。

泣いてみたくなった。うんと息(いき)をつめて、目を充血(じゅうけつ)させると、少し涙(なみだ)が出るかも知れないと思って、やってみたが、だめだった。もう、涙のない女になったのかも知れない。

□**犬殺し** 들개와 같은 떠돌이 개들을 잡아서 죽이는 것 또는 그 일을 직업으로 가진 사람, 개 도살, 개 장수 □**~にやられる** ~에게 당하다 □**逃げる** 도망치다 □**~だけでなく** ~뿐만이 아니라 □**いけない** 안 된다, 잘못되다 □**困らせる** 곤란하게 만들다, 난처하게 하다 □**刺激する** 자극하다 □**腰かける** 걸터앉다 □**撫でる** 쓰다듬다, 어루만지다 □**青葉** 푸른 잎 □**情ない** 한심하다 □**気持ちになる** 기분이 들다, 마음이 들다 □**息をつめる** 숨을 참다 □**充血** 충혈 □**涙が出る** 눈물이 나오다

* **目に浸みる** しみる는 일반적으로 染みる라고 표기하는데, 본문에서는 뭔가가 깊이 침투하여 속으로 들어가다는 뜻을 내포하기 위해 浸みる라고 표기하고 있다. 잎의 푸른 빛이 눈이 아리도록 깨끗하고 강렬함을 나타내고 있다.

あきらめて、お部屋の掃除をはじめる。お掃除しながら、ふと「唐人お吉*」を唄う。ちょっとあたりを見廻したような感じ。普段、モオツァルトだの、バッハだのに熱中しているはずの自分が、無意識に、「唐人お吉」を唄ったのが、面白い。蒲団を持ち上げるとき、よいしょ、と言ったり、お掃除しながら、唐人お吉を唄うようでは、自分も、もう、だめかと思う。こんなことでは、寝言などで、どんなに下品なこと言い出すか、不安でならない。でも、なんだかおかしくなって、ほうきの手を休めて、ひとりで笑う。

□あきらめる 포기하다, 체념하다 □唄う 노래 부르다 =歌う □あたり(辺り) 주위, 주변 □見廻す 둘러보다, 돌아보다 □普段 보통, 평소 □モオツァルト 모짜르트 □バッハ 바하 ■~だの~だの (사물 · 상황 · 감정 등을 나열할 때) ~랑 ~랑, ~며 ~며, ~라든가 ~라든가, ~라느니 ~라느니 〈紙(かみ)に名前(なまえ)だの住所(じゅうしょ)だのを書いた 종이에 이름이며 주소를 썼다〉 □バッハ 바흐 □熱中する 열중하다 □無意識に 무의식적으로, 무의식 중에 □寝言 잠꼬대 □言い出す 말을 꺼내다, 말을 시작하다 □不安 불안 ■~て(で)ならない (자연히 어떤 감정이나 감각이 일어나) ~해서 견딜 수 없다 〈今の生活はつらくてならない 현재의 생활은 괴로워 견딜 수 없다〉 □なんだか 어쩐지, 왠지 □おかしい 우습다, 우스꽝스럽다 □ほうき 빗자루 □手を休める 일손을 멈추다

* 唐人お吉(1842~1890) 伊豆下田(いずしもだ) 의 奉行(ぶぎょう, 막부 시대 관직명) 명으로, 17세에 미국 영사 해리스의 첩이 되었다는 설과, 병에 걸린 해리스를 간호하러 다녔다는 설이 있는데, 이 교류가 빌미가 되어 세간의 비난과 조소로 불행한 삶을 살다 결국 자살로 생을 마감했다. 1928 년 十一谷義三郎(じゅういちやぎさぶろう) 의 소설 『唐人お吉』가 발표된 후 많은 사람에게 반향을 불러일으켜 영화, 연극, 노래로 만들어졌다.

きのう縫い上げた新しい下着を着る。胸のところに、小さい白いばらの花を刺繡して置いた。上衣を着ちゃうと、この刺繡見えなくなる。誰にもわからない。得意である。

お母さん、誰かの縁談のために大童、朝早くからお出掛け。私の小さい時からお母さんは、人のために尽すので、なれっこだけれど、本当に驚くほど、始終うごいているお母さんだ。感心する。お父さんが、あまりにも勉強ばかりしていたから、お母さんは、お父さんのぶんもするのである。お父さんは、社交とかからは、およそ縁が遠いけれど、お母さんは、本当に気持ちのよい人たちの集まりを作る。二人とも違ったところを持っているけれど、お互いに、尊敬し合っていたらしい。醜いところの無い、美しい安らかな夫婦、とでも言うのであろうか。ああ、生意気、生意気。

□縫い上げる 다 꿰매다 <~上げる (동사 ます형에 붙어) 다 ~하다, 끝까지 ~하다 | 二日間一生懸命にやって、作り上げた 이틀 동안 열심히 해서 끝까지 다 만들었다> □下着 속옷 □刺繡する 자수를 놓다 □得意 바라는 대로 되어 흐뭇함, 자랑스러워하는 모양, 우쭐거리는 모양 □縁談 혼담 □大童 분주함, 정신없음, 분투함, 힘껏 노력함 □お出掛け 외출 □尽す 다하다, 정성을 쏟다 □なれっこ(慣れっこ) 아주 익숙해짐, 매우 익숙해짐 □驚く 깜짝 놀라다 □始終 시종, 줄곧 □感心する 감동하다, 감탄하다 □~ばかり ~뿐, ~만 □ぶん(分) 분, 몫 □社交 사교 □およそ 전혀, 도무지, 아주 □縁が遠い 인연이 멀다, 관련이 없다 □集まり 모임 □お互いに 서로 □尊敬し合う 서로 존경하다 □安らかだ 평온하다, 편안하다 □生意気 건방짐

おみおつけの温(あたた)まるまで、台所口(だいどころくち)に腰掛(こしか)けて、前の雑木林(ぞうきばやし)を、ぼんやり見ていた。そしたら、昔にも、これから先(さき)にも、こうやって、台所の口に腰かけて、このとおりの姿勢(しせい)でもって、しかもそっくり同じことを考えながら前(まえ)の雑木林を見ていた、見ている、ような気がして、過去(かこ)、現在(げんざい)、未来(みらい)、それが一瞬間(いっしゅんかん)のうちに感じられるような、変(へん)な気持ちがした。こんな事は、時々(ときどき)ある。誰かと部屋に座って話をしている。目が、テエブルのすみに行ってコトンと停(と)まって動(うご)かない。口だけが動いている。こんな時に、変な錯覚(さっかく)を起(おこ)すのだ。いつだったか、こんな同じ状態(じょうたい)で、同じ事を話しながら、やはり、テエブルのすみを見ていた、また、これからさきも、いまのことが、

□おみおつけ 된장국 〈味噌汁(みそしる)의 공손한 말〉 □温まる 데우다 □雑木林 잡목림 □先にも 앞으로도 □このとおり 이대로 □姿勢 자세, 태도 □~でもって ~으로 □しかも 게다가 □そっくりだ 똑같다 □~気がする ~생각이 들다 □未来 미래 □一瞬間 한 순간 ■~うちに (동사 기본형·ている형, 형용사 기본형, な형용사な, 명사の에 붙어) ~(하는) 사이에, ~동안에 〈健康なうちに海外旅行に行きたい 건강할 때 해외여행을 가고 싶다〉 □気持ちがする 기분이 들다 □テエブル 테이블 =テーブル □すみ(隅) 구석 □コトンと 딱딱하고 가벼운 것이 떨어지거나 부딪혀 나는 소리, 딱, 탁 □停まる 멈추다 □錯覚を起す 착각을 일으키다 □状態 상태

そっくりそのままに自分にやって来るのだ、と信じちゃう気持ちになるのだ。どんな遠くの田舎(いなか)の野道(のみち)を歩(ある)いていても、きっと、この道は、いつか来た道、と思う。歩きながら道(みち)ばたの豆(まめ)の葉(は)を、さっとむしりとっても、やはり、この道のこのところで、この葉をむしりとったことがある、と思う。そうして、また、これからも、何度も何度も、この道を歩いて、ここのところで豆の葉をむしるのだ、と信じるのである。また、こんなこともある。あるときお湯(ゆ)につかっていて、ふと手を見た。そしたら、これからさき、何年かたって、お湯にはいったとき、この、いまの何(なに)げなく、手を見た事を、そして見ながら、コトンと感じたことをきっと思(おも)い出(だ)すに違(ちが)いない、と思ってしまった。

□そのままに 그대로　□やって来る 찾아오다　□信じる 믿다　□田舎 시골　□野道 들길　□きっと 꼭, 틀림없이　□道ばた 길가　□豆 콩　□葉 잎, 잎사귀　□さっと 휙 하고　□むしりとる 쥐어뜯다, 잡아 뽑다　□お湯につかる 욕조에 몸을 담그다　□たつ(経つ) (날짜 · 시간 등이) 지나가다, 경과하다　□お湯にはいる 목욕을 하다, 욕조에 들어가다　□何げない 아무렇지 않다, 별 생각도 없다, 무심하다　□思い出す 생각해내다, 떠올리다

そう思ったら、なんだか、暗(くら)い気がした。また、ある夕方、御飯(ごはん)をおひつに移(うつ)している時、インスピレーション、と言ってはおおげさだけれど、何か身内(みうち)にピュウッと走(はし)り去(さ)ってゆくものを感じて、なんと言おうか、哲学(てつがく)のシッポと言いたいのだけれど、そいつにやられて、頭(あたま)も胸も、すみずみまで透明(とうめい)になって、何か、生(い)きて行くことにふわっと落(お)ちついたような、黙(だま)って、音(おと)も立てずに、トコロテンがそろっと押(お)し出(だ)される時のような柔軟性(じゅうなんせい)でもって、このまま浪(なみ)のまにまに、美しく軽(かる)く生きとおせるような感じがしたのだ。このときは、哲学どころのさわぎではない。盗(ぬす)み猫(ねこ)のように、音(おと)も立てずに

□夕方 저녁 □おひつ 밥통 □移す 옮기다 □インスピレーション(inspiration) 인스피레이션, 영감 □おおげさ 과장됨, 요란스러움 □身内 몸속 □ピュウッと 휙 하고 □走り去る 달려 지나가다, 달려서 사라지다 □〜てゆく ~해 가다 □シッポ 꼬리, 꼬랑지 □すみずみ 구석구석 □透明だ 투명하다 □ふわっと 가볍고 부드러운 모양, 사뿐히, 둥실 □落ちつく 차분해지다, 가라앉다, 안정되다 □トコロテン 우무 □そろっと 뭔가 밀려서 빠져나오는 모양, 쑥 하고 □押し出す 밀어내다 □柔軟性 유연성 □浪 파도, 물결 〈보통 波라고 표기함〉 □まにまに 되어 가는 대로, 되는 대로 □生きとおす 끝까지 살다, 살아내다 ■〜どころではない (동사 보통형, 명사에 붙어) ~할 상황이 아니다, ~할 처지가 아니다 〈母に叱(しか)られて、遊びにいくどころではない 엄마한테 혼나서, 지금 놀러갈 상황이 아니다〉 □騒ぎ 소동 □盗み猫 도둑 고양이

生きて行く予感なんて、ろくなことはないと、むしろ、おそろしかった。あんな気持ちの状態が、永くつづくと、人は、神がかりみたいになっちゃうのではないかしら。キリスト。でも、女のキリストなんてのは、いやらしい。

結局は、私ひまなもんだから、生活の苦労がないもんだから、毎日、幾百、幾千の見たり聞いたりの感受性の処理が出来なくなって、ポカンとしているうちに、そいつらが、お化けみたいな顔になってポカポカ浮いて来るのではないのかしら。

□予感 예감 □ろく 정상임, 제대로임, 변변함, 만족스런 상태임 □むしろ 오히려 □おそろしい 두렵다, 공포스럽다 □永い 길다, 오래다 □神がかり 신 내림 또는 신 내린 사람 □キリスト 그리스도, 예수 □結局 결국 □もん 사람 <もの(者)의 회화체 줄임말> □苦労 고생 □幾百 몇 백 □幾千 몇 천 □感受性 감수성 □処理 처리 □そいつら 그녀석들, 그것들 <ら는 복수 접미사> □ポカポカ 군데군데, 여기저기 □浮く 뜨다, 떠오르다

食堂(しょくどう)で、ごはんを、ひとりでたべる。ことし、はじめて、キウリをたべる。キウリの青(あお)さから、夏(なつ)が来る。五月(ごがつ)のキウリの青味(あおみ)には、胸がカラッポになるような、うずくような、くすぐったいような悲(かな)しさがある。ひとりで食堂でごはんをたべていると、やたらむしょうに旅行(りょこう)に出たい。汽車(きしゃ)に乗(の)りたい。新聞を読む。近衛(このえ)さんの写真(しゃしん)が出ている。近衛さんて、いい男(おとこ)なのかしら。私は、こんな顔を好(す)かない。額(ひたい)がいけない。新聞では、本の広告文(こうこくぶん)がいちばんたのしい。一字一行(いちじいちぎょう)で、百円、二百円と広告料(こうこくりょう)とられるのだろうから、皆(みな)、一生懸命(いっしょうけんめい)だ。一字一句、最大(さいだい)の効果(こうか)を収(おさ)めようと、うんうん唸(うな)って、絞(しぼ)り出(だ)したような名文(めいもん)だ。こんなにお金(かね)のかかる文章(ぶんしょう)は、世(よ)の中(なか)に、少(すくな)いであろう。なんだか、気味(きみ)がよい。痛快(つうかい)だ。

□キウリ 오이 =キューリ　□青味 푸른빛　□うずく 쑤시다, 욱신거리다　□くすぐったい 간지럽다　□やたらむしょうに 몹시, 매우 〈やたら 함부로, 멋대로, 마구 | むしょうに 공연히, 까닭 없이, 무턱대고〉　□～て ~은 =～は　□好く 좋아하다　□額 이마　□～行 ~줄, ~행　□広告料 광고료　□～句 ~구(절)　□効果 효과　□収める 거두다, 징수하다　□うんうん 응응, 끙끙　□唸る 신음 소리를 내다, 끙끙 앓다　□絞り出す 짜내다　□名文 명문, 훌륭한 문장　□気味がよい 기분이 좋다, 느낌이 좋다　□痛快だ 통쾌하다

ごはんをすまして、戸(と)じまりして、登校(とうこう)。大丈夫(だいじょうぶ)、雨が降らないとは思うけれど、それでも、きのうお母さんから、もらったよき雨傘(あまがさ)どうしても持って歩きたくて、そいつを携帯(けいたい)。このアンブレラは、お母さんが、昔(むかし)、娘(むすめ)さん時代(じだい)に使(つか)ったもの。面白い傘(かさ)を見(み)つけて、私は、少し得意(とくい)。こんな傘を持って、パリイの下町(したまち)を歩きたい。きっと、いまの戦争(せんそう)が終(おわ)ったころ、こんな、夢(ゆめ)を持ったような古風(こふう)のアンブレラが流行(りゅうこう)するだろう。この傘には、ボンネット風(ふう)の帽子(ぼうし)が、きっと似合(にあ)う。ピンクの裾(すそ)の長(なが)い、衿(えり)の大(おお)きく開(ひら)いた着物(きもの)に、黒(くろ)い絹(きぬ)レエスで編(あ)んだ長い手袋(てぶくろ)をして、大きなつばの広(ひろ)い帽子には、

□ごはんをすます 식사를 마치다 □戸じまりする 문단속을 하다 □よき 좋은〈よい・いい의 문어체 표현〉 □雨傘 우산 □携帯 휴대 □アンブレラ(umbrella) 우산 □娘さん時代 처녀 시절 □パリイ 파리 =パリー □下町 상인이나 장인들이 많이 사는 지역, 서민 동네 □ボンネット風 보닛풍 □似合う 어울리다 □裾 옷자락 □衿 옷깃 □絹 견, 실크 □レエス 레이스 =レース □編む 짜다, 뜨다 □手袋をする 장갑을 끼다 □つば (모자의) 차양

美しい紫(むらさき)のすみれをつける。そうして深緑(しんりょく)のころにパリイのレストランに昼食(ちゅうしょく)をしに行く。もの憂(う)そうに軽(かる)く頬杖(ほおづえ)して、外(そと)を通(とお)る人の流(なが)れを見ていると、誰かが、そっと私の肩(かた)を叩(たた)く。急(きゅう)に音楽(おんがく)、薔薇(ばら)のワルツ*。ああ、おかしい、おかしい。現実(げんじつ)は、この古(ふる)ぼけた奇態(きたい)な、柄(え)のひょろ長(なが)い雨傘一(いっ)本(ぽん)。自分が、みじめで可哀想(かわいそう)。マッチ売(う)りの娘(むすめ)さん。どれ、草(くさ)でも、むしって行きましょう。

出(で)がけに、うちの門(もん)のまえの草を、少しむしって、お母さんへの勤労奉仕(きんろうほうし)。きょうは何(なに)かいいことがあるかも知れない。同じ草でも、どうしてこんな、むしりとりたい草と、そっと残(のこ)して置きたい草と、いろいろあるのだろう。可愛(かわい)い草と、そうでない草と、形(かたち)は、ちっとも違っていないのに、それでも、

□紫 보라(색) □すみれ 제비꽃 □つける 달다, 붙이다 □深緑 짙은 녹음 □もの憂い 나른하다, 울적하다 □頬杖する 턱을 괴다 □外を通る 바깥(거리)을 지나가다 □肩を叩く 어깨를 두드리다 □現実 현실 □古ぼける 오래 되어 바래다 □奇態 괴상한 형태, 이상한 모양 □柄 (우산 등의) 손잡이 □ひょろ長い 가늘고 길다, 껑충하다 □みじめだ 비참하다 □マッチ売り 성냥팔이 □草 풀 □出がけ 나가려고 할 때, 나가려는 참, 나가는 길 □勤労奉仕 근로봉사 □残す 남기다 □形 형태, 모양 ■ちっとも〜ない 조금도 ~하지 않다 〈塾(じゅく)に通っても成績(ていど)はちっとも上がらなかった 학원에 다녀도 성적은 조금도 오르지 않았다〉

* 薔薇のワルツ　장미의 왈츠. 어네스트 퀼러(1848~1907)의 플루트 연주곡 중 하나

いじらしい草と、にくにくしい草と、どうしてこう、ちゃんとわかれているのだろう。理窟(りくつ)*はないんだ。女の好ききらいなんて、ずいぶんいい加減(かげん)なものだと思う。十分間(じゅっぷんかん)の勤労奉仕をすまして、停車場(ていしゃじょう)へ急(いそ)ぐ。畠道(はたけみち)を通(とお)りながら、しきりと絵(え)が画(か)きたくなる。途中(とちゅう)、神社(じんじゃ)の森(もり)の小路(こみち)を通る。これは、私ひとりで見つけて置いた近道(ちかみち)である。森の小路を歩きながら、ふと下(した)を見ると、麦(むぎ)が二寸(にすん)ばかりあちこちに、かたまって育(そだ)っている。その青々(あおあお)した麦を見ていると、ああ、ことしも兵隊(へいたい)さんが来たのだと、わかる。去年(きょねん)も、たくさんの兵隊さんと馬(うま)がやって来て、この神社の森の中に休(やす)んで行った。しばらく経(た)ってそこを通ってみると、麦が、きょうのように、

□いじらしい 애처롭다 □にくにくしい 밉살스럽다 □ちゃんと 제대로, 확실하게 □分かれる 나뉘다, 갈리다, 구별되다 □理窟 도리, 이치, 그럴 듯한 논리 〈보통 理屈라고 표기함〉 □好ききらい 좋고 싫음 □いい加減だ 엉성하다, 무책임하다, 엉터리다 □すます(済ます) 끝내다, 마치다 □停車場 정거장 □急ぐ 서두르다 □畠道 밭길 □しきりと 자꾸, 계속, 줄곧, 끊임없이 □絵を描く 그림을 그리다 □途中 도중, 중간 □神社 신사 □小路 작은 길, 오솔길 □近道 지름길 □麦 보리 □～寸 ~촌, ~치 〈1寸은 약 3cm임〉 □育つ 자라다, 성장하다 □青々する 푸릇푸릇하다 □兵隊さん 병사 □しばらく 잠시, 한참

* 理窟(りくつ)に合(あ)う 이치에 맞다
理窟(りくつ)をつける 구실을 붙이다, 핑계를 대다
理窟(りくつ)をこねる 억지를 늘어놓다

すくすくしていた。けれども、その麦は、それ以上育たなかった。ことしも、兵隊さんの馬の桶からこぼれて生えて、ひょろひょろ育ったこの麦は、この森はこんなに暗く、全く日が当らないものだから、可哀想に、これだけ育って死んでしまうのだろう。

神社の森の小路を抜けて、駅近く、労働者四、五人と一緒になる。その労働者たちは、いつもの例で、言えないような厭な言葉を私に向かって吐きかける。私は、どうしたらよいかと迷ってしまった。その労働者たちを追い抜いて、どんどんさきに行ってしまいたいのだが、そうするには、労働者たちの間を縫ってくぐり抜け、すり抜けしなければならない。

□すくすく 나무나 아이가 잘 자라는 모양, 쑥쑥, 무럭무럭 □桶 구유통 □こぼれる 넘치다, 넘쳐흐르다 □ひょろひょろ 홀쭉히, 비실비실 〈가늘고 약하게 자란 모양〉 □全く～ない 전혀 ~하지 않다 □日が当る 해가 비치다, 햇빛이 들어오다 □～ものだから (원인 · 이유를 나타냄) ~이니까, ~때문에 □抜ける 빠져나가다 □労働者 노동자 □いつもの例で 언제나 그랬듯이 □吐きかける 내뱉다, 토하다 〈～かける (동사 ます형에 붙어) ~하기 시작하다, ~하려고 하다, ~하다 말다 | 試験勉強(しけんべんきょう)をしかけた 시험공부를 하기 시작했다 | 塀(へい)が崩(くず)れかけている 담이 무너지려고 한다 | 何か言いかけてやめた 뭔가 말하려다 말고 그만두었다〉 □迷う 망설이다, 고민하다 □追い抜く 앞지르다, 추월하다 □どんどん 쑥쑥, 쭉쭉 □～の間を縫う ~사이를 누비다 □くぐり抜ける (좁은 틈새 등을) 빠져 나가다 □すり抜ける (사람들이나 좁은 틈새를) 빠져나가다

おっかない。それと言って、黙(だま)って立ちんぼして、労働者たちをさきに行かせて、うんと距離(きょり)のできるまで待っているのは、もっともっと胆力(たんりょく)の要(い)ることだ。それは失礼(しつれい)なことなのだから、労働者たちは怒(おこ)るかも知れない。からだは、カッカして来るし、泣きそうになってしまった。私は、その泣きそうになるのが恥(は)ずかしくて、その者達(ものたち)に向かって笑ってやった。そして、ゆっくりと、その者達のあとについて歩いていった。そのときは、それ限(き)り*になってしまったけれど、その口惜(くや)しさは、電車(でんしゃ)に乗ってからも消(き)えなかった。こんなくだらない事に平然(へいぜん)となれるように、早く強く、清(きよ)く、なりたかった。

□ おっかない 두렵다, 무섭다 □それと言って 그렇다고 해서 □立ちんぼ 계속 선 채로 있음 □距離 거리 □胆力 담력, 배짱 □要る 필요하다 □カッカする 화끈화끈하다 □恥ずかしい 창피하다, 쑥쓰럽다 □口惜しさ 분함, 원통함 □~てからも ~하고 나서도, ~하고 난 후로도 □消える 사라지다, 없어지다 □くだらない 쓸데없다, 하찮다, 별 볼일 없다 □平然と 태연하게 ■ ~ように (동사 기본형 · 가능형 · 부정형에 붙어 소망 등을 나타냄) ~하기를, ~하도록 〈手術(しゅじゅつ)が無事(ぶじ)に終わりますように 수술이 무사히 끝날 수 있기를〉 □清い (태도가) 시원스럽다, 깨끗하다

* **それ限り** 限りは 한정을 나타내는 말로, 보통 きり로 읽는다. ~きり~ない(~한 것을 마지막으로 ~하는 일이 없다)의 형태로 많이 쓰인다.
彼女はあれっきり二度と姿を見せなかった。 그녀는 그 후로 두번 다시 모습을 나타내지 않았다.

電車の入口のすぐ近くに空いている席があったから、私はそこへそっと私のお道具を置いて、スカアトのひだをちょっと直して、そうして座ろうとしたら、眼鏡の男の人が、ちゃんと私のお道具をどけて席に腰かけてしまった。

「あの、そこは私、見つけた席ですの。」と言ったら、男は苦笑して平気で新聞を読み出した。よく考えてみると、どっちが図々しいのかわからない。こっちの方が図々しいのかも知れない。

仕方なく、アンブレラとお道具を、網棚に乗せ、私は吊り革にぶらさがって、いつもの通り、雑誌を読もうと、パラパラ片手でペエジを繰っているうちに、ひょんな事を思った。

自分から、本を読むということを取ってしまったら、この経験の無い私は、泣きべそをかくことだろう。それほど私は、

□空く 비다 □お道具 소지품 □スカアト 스커트, 치마 =スカート □ひだ (치마의) 주름 □直す 고치다, 바로잡다 □~(よ)うとする ~하려고 하다 □どける(退ける) 치우다, 제치다 □苦笑する 쓴 웃음을 짓다 □平気で 태연하게, 아무렇지도 않게 □図々しい 뻔뻔하다 □仕方ない 어쩔 수 없다 □網棚 (기차나 버스 등에 설치한) 그물 선반 □乗せる 올려놓다, 위에 놓다, 얹다 □吊り革 (버스나 전철 등의) 손잡이 □ぶらさがる 매달리다, 늘어지다, 남에게 의지하다 □片手 한(쪽) 손 □パラパラ 펄럭펄럭 □ペエジ 페이지 =ページ □繰る 차례로 넘기다, 감다 □ひょんな 묘한, 엉뚱한, 이상야릇한 □取る 빼앗다, 취하다, 잡다 □泣きべそをかく 울상을 짓다

本に書かれてある事に頼(たよ)っている。一つの本を読んでは、パッとその本に夢中(むちゅう)になり、信頼(しんらい)し、同化(どうか)し、共鳴(きょうめい)し、それに生活(せいかつ)をくっつけてみるのだ。また、他の本を読むと、たちまち、クルッとかわって、すましている。人のものを盗(ぬす)んで来て自分のものにちゃんと作(つく)り直(なお)す才能(さいのう)は、そのずるさは、これは私の唯一(ゆいいつ)の特技(とくぎ)だ。本当に、このずるさ、いんちきには厭(いや)になる。毎日毎日、失敗に失敗を重(かさ)ねて、あか恥(はじ)ばかりかいていたら、少しは重厚(じゅうこう)になるかも知れない。けれども、そのような失敗にさえ、なんとか理窟(りくつ)をこじつけて、上手(じょうず)につくろい、ちゃんとしたような理論(りろん)を編(あ)み出(だ)し、苦肉(くにく)の芝居(しばい)*なんかとくとくとやりそうだ。(こんな言葉もどこかの本で読んだことがある。)

□頼る 의지하다 □パッと 확, 탁 □夢中になる 열중하다, 몰입하다 □信頼する 신뢰하다 □同化する 동화되다 □共鳴する 공명하다 □くっつける 붙이다, 달라붙게 하다, 부착시키다 □たちまち 금새, 금방 □クルッと 확, 완전히 □かわる(変わる) 바뀌다 □すます 시치미를 떼다 ■~直す (동사 ます형에 붙어) 다시 ~하다, 고쳐서 ~하다 〈漢字が間違(まちが)っていたので、書き直した 한자가 틀렸기 때문에 다시 썼다〉 □ずるさ 교활함 □唯一 유일, 단 하나 □特技 특기 □いんちき 속임수, 사기 ■~を重ねて ~을 거듭하여, ~을 되풀이하여 〈練習に練習を重ねて、やっとできるようになった 연습에 연습을 거듭하여 겨우 할 수 있게 되었다〉 □あか恥 큰 창피 〈恥をかく 창피를 당하다〉 □重厚だ 중후하다 □こじつける 억지로 구실이나 이유를 붙이다 □つくろう 둘러대다, 감싸주다, 얼버무리다 □編み出す 짜내다 □とくとくと(得々と) 득의양양하게, 의기양양하게

* 苦肉の芝居 '고육지책으로 만든 연극'이란 뜻으로, 어쩔 수 없는 상황임을 나타낸다. '고육지책'이란 적을 속이기 위해 자신의 희생을 무릅쓰고 꾸미는 계책을 뜻한다. 苦肉는 苦肉の策(さく)(고육지책)의 줄임말이다.

ほんとうに私は、どれが本当の自分だかわからない。読む本がなくなって、真似(まね)するお手本(てほん)がなんにも見(み)つからなくなった時には、私は、いったいどうするだろう。手も足も出ない、萎縮(いしゅく)の態(たい)で、むやみに鼻(はな)をかんでばかりいるかも知れない。何しろ電車の中で、毎日(まいにち)こんなにふらふら考えているばかりでは、だめだ。からだに、厭(いや)な温(あたた)かさが残(のこ)って、やりきれない。何かしなければ、どうにかしなければと思うのだが、どうしたら、自分をはっきり掴(つか)めるのか。これまでの私の自己(じこ)批判(ひはん)なんて、まるで意味(いみ)ないものだったと思う。批判をしてみて、厭な、弱いところに気附(きづ)くと、すぐそれに甘(あま)くおぼれて、いたわって、角(つの)をためて牛(うし)を殺(ころ)す*のはよくない、などと結論(けつろん)するのだから、批判も何もあったものでない。何も考え

□**真似する** 흉내내다, 따라하다, 모방하다 □**お手本** 본보기, 모델 □**いったい** 도대체 □**手も足も出ない** 어찌할 방법이 없다, 손쓸 도리가 없다 □**萎縮** 위축 □**態** 모습, 모양, 상태 □**むやみに** 마구, 무턱대고 □**鼻をかむ** 코를 풀다 ■ **~てばかりいる** (동사 て형에 붙어) ~하고만 있다 〈会社に行く時間なのに、寝てばかりいる 회사에 갈 시간인데도 자고만 있다〉 □**何しろ** 어쨌든 □**ふらふら** 마음이 불안정한 모양, 흔들흔들. 갈팡질팡 ■ **~ばかりでは** (동사 기본형에 붙어) ~하는 것만으로는 〈文句(もんく)を言うばかりでは解決(かいけつ)にならない 불평을 하는 것만으로는 해결되지 않는다〉 □**掴む** 붙잡다, 움켜쥐다 □**自己批判** 자기비판 □**~なんて** ~따위, ~같은 것 □**まるで** 정말, 매우 □**気附く** 눈치 채다 □**甘く** 쉽게, 가볍게 □**おぼれる**(溺れる) 빠지다, 익사하다 □**いたわる** 노고를 위로하다, 돌보다 □**結論する** 결론을 내리다

* **角をためて牛を殺す** 뿔을 바로 잡으려다가 소를 죽인다는 뜻으로, 결점이나 흠을 무리하게 고치려다 도리어 일을 그르치게 된다는 말이다. 사자성어로 '교각살우'라고 한다.

ない方が、むしろ良心的だ。

この雑誌にも、「若い女の欠点」という見出しで、いろんな人が書いてある。読んでいるうちに、自分のことを言われたような気がして恥ずかしい気にもなる。

それに書く人、人によって、ふだんばかだと思っている人は、そのとおりに、ばかの感じがするようなことを言っているし、写真で見て、おしゃれの感じのする人は、おしゃれの言葉遣いをしているので、おかしくて、ときどきくすくす笑いながら読んで行く。宗教家は、すぐに信仰を持ち出すし、教育家は、始めから終りまで恩、恩、と書いてある。政治家は、漢詩を持ち出す。作家は、気取って、おしゃれな言葉を使っている。しょっている。

□良心的 양심적 □欠点 결점 □見出し 표제어, 제목 □～によって ~에 의하여, ~에 따라 □おしゃれ 멋쟁이 □言葉遣い 말씨, 말투 □くすくす 소리 죽여 웃는 모양, 킥킥, 키득키득 □信仰 신앙 □持ち出す 말을 꺼내다, 제안하다 □恩 은혜 □政治家 정치가, 정치인 □漢詩 한시 □気取る 거드름 피우다, 젠체하다 □言葉を使う 말을 쓰다 □しょっている 잘난 체하다, 우쭐거리다

でも、みんな、なかなか確実(かくじつ)なことばかり書いてある。個性(こせい)の無(な)いこと。深味(ふかみ)の無いこと。正(ただ)しい希望(きぼう)、正しい野心(やしん)、そんなものから遠く離(はな)れている事。つまり、理想(りそう)の無いこと。批判はあっても、自分の生活に直接(ちょくせつ)むすびつける積極性(せっきょくせい)の無いこと。無反省(むはんせい)。本当の自覚(じかく)、自愛(じあい)、自重(じじゅう)がない。勇気(ゆうき)のある行動(こうどう)をしても、そのあらゆる結果(けっか)について、責任(せきにん)が持てるかどうか。自分の周囲(しゅうい)の生活様式(せいかつようしき)には順応(じゅんのう)し、これを処理(しょり)することに巧(たく)みであるが、自分、ならびに自分の周囲の生活に、正(ただ)しい強い愛情(あいじょう)を持っていない。本当の意味の謙遜(けんそん)がない。独創性(どくそうせい)にとぼしい。模倣(もほう)だけだ。人間本来(ほんらい)の「愛(あい)」の感覚(かんかく)が欠如(けつじょ)してしまっている。お上品(じょうひん)ぶっていながら、気品(きひん)がない。そのほか、たくさんのことが書かれている。本当に、読んでいて、はっとすることが多い。決して否定(ひてい)できない。

□**確実** 확실 □**個性** 개성 □**深味** 깊은 맛(멋), 깊은 뜻 □**正しい** 정확하다, 올바르다 □**希望** 희망 □**離れる** 떨어지다, 벌어지다. 멀어지다, 벗어나다 □**つまり** 즉, 요컨대 □**むすびつける** 맺다, 연결시키다, 결부시키다 □**積極性** 적극성 □**無反省** 무반성 □**自重** 자중 □**勇気** 용기 □**あらゆる** 모든, 일체의 □**～について** ~에 대하여 □**周囲** 주위 □**生活様式** 생활양식 □**順応する** 순응하다 □**巧み** 정교함, 능숙함, 기교, 수완 □**～ならびに** ~및, ~와 □**謙遜** 겸손 □**独創性** 독창성 ■**～にとぼしい** ~이 모자라다, ~이 부족하다 〈この作品(さくひん)には作家(さっか)の個性にとぼしい 이 작품에는 작가의 개성이 결여되어 있다〉 □**模倣** 모방 □**欠如する** 결여되다 □**上品** 고상함, 품위 있음 ■**～ぶる** ~인 체하다, ~한 척하다 〈彼女は男の人の前でだけ上品(じょうひん)ぶっている 그녀는 남자 앞에서만 고상한 척한다〉 □**気品** 기품 □**はっとする** 깜짝 놀라다 □**否定** 부정

けれどもここに書かれてある言葉全部が、なんだか、楽観的な、この人たちの普段の気持ちとは離れて、ただ書いてみたというような感じがする。「本当の意味の」とか、「本来の」とかいう形容詞がたくさんあるけれど、「本当の」愛、「本当の」自覚、とは、どんなものか、はっきり手にとるようには書かれていない。この人たちには、わかっているのかも知れない。それならば、もっと具体的に、ただ一言、右へ行け、左へ行け、と、ただ一言、権威をもって指で示してくれたほうが、どんなにありがたいかわからない。私たち、愛の表現の方針を見失っているのだから、あれもいけない、これもいけない、と言わずに、こうしろ、ああしろ、と強い力で言いつけてくれたら、私たち、みんな、そのとおりにする。誰も自信がないのかしら。ここに意見を発表している人たちも、

□楽観的 낙관적 □手にとるように 손에 잡힐 듯이 □それならば 그렇다면 □具体的に 구체적으로 □一言 한 마디 □権威 권위 □示す 가리키다, 나타내 보이다 □方針 방침 □見失う 보고 있던 것을 놓치다, 잃다 □言いつける 지시하다, 명령하다

いつでも、どんな場合(ばあい)にでも、こんな意見を持っている、というわけではないのかもしれない。正しい希望、正しい野心を持っていない、と叱(しか)っていられるけれども、そんなら私たち、正しい理想を追(お)って行動(こうどう)した場合、この人たちはどこまでも私たちを見守(みまも)り、導(みちび)いていってくれるだろうか。

私たちには、自身の行くべき最善(さいぜん)の場所、行きたく思う美しい場所、自身を伸(の)ばして行くべき場所、おぼろげながらわかっている。よい生活を持ちたいと思っている。それこそ正しい希望、野心を持っている。頼(たよ)れるだけの動(うご)かない信念(しんねん)をも持ちたいと、あせっている。しかし、これら全部、娘(むすめ)なら娘としての生活の上(うえ)に具現(ぐげん)しようとかかったら、どんなに努力(どりょく)が必要(ひつよう)なことだろう。お母さん、お父さん、姉(あね)、兄(あに)たちの考えかたもある。(口だけでは、やれ古(ふる)いのなんのって

■ ～わけではない (동사·い형용사 보통형, な형용사な에 붙어) ~하는 것은 아니다 〈休日(きゅうじつ)に働いたとしても、給料(きゅうりょう)が上がるわけではない 휴일에 일을 했다고 해도 월급이 오르는 것은 아니다〉 □そんなら 그렇다면 ＝それなら □追う 좇다, 따라가다 □見守る 지켜보다 □導く 인도하다, 이끌다, 안내하다 ■ ～べきだ (동사 기본형에 붙어, 단 ～するは ～すべき 형태도 사용) ~해야만 한다 〈この制度(せいど)には改善(かいぜん)すべき点が多く残されている 이 제도에는 개선해야 할 점이 많이 남아 있다〉 □最善 최선 □伸ばす 늘리다, 신장시키다 □おぼろげ 희미함, 아련함, 어렴풋함, 어슴푸레함 □あせる 초조해하다, 안달하다 □具現する 구현하다 □かかる 시도하다 □努力 노력 □考えかた 사고방식 □やれ 정말, 거 참 〈기쁠 때나 안심할 때, 곤란할 때, 상대편의 말을 비난하는 기분으로 인용할 때 등에 내는 말〉 □～のなんの ~라는 등

言うけれども、決して人生の先輩、老人、既婚の人たちを軽蔑なんかしていない。それどころか、いつでも二目も三目も置いている*はずだ)始終生活と関係のある親類というものも、ある。知人もある。友達もある。それから、いつも大きな力で私たちを押し流す「世の中」というものもあるのだ。これらすべての事を思ったり見たり考えたりすると、自分の個性を伸ばすどころの騒ぎではない。まあ、まあ目立たずに、普通の多くの人たちの通る路をだまって進んで行くのが、いちばん利巧なのでしょうくらいに思わずにはいられない。少数者への教育を、全般へ施すなんて、ずいぶんむごいことだとも思われる。学校の修身と、世の中の掟と、すごく違っているのが、

□既婚の人 기혼자 □軽蔑 경멸 □それどころか 그러기는커녕 ■ ～はずだ (동사・い형용사 보통형, な형용사な, 명사の에 붙어 강한 추측을 나타냄) 틀림없이 ~일 것이다 〈頭がいいから、この問題は解(と)けるはずだ 머리가 좋으니까 틀림없이 이 문제를 풀 수 있을 것이다〉 □親類 친척 □押し流す 밀어내다 □目立つ 눈에 띄다 □利巧 영리(함), 슬기로움, 요령이 좋음, 약음 ■ ～ずにはいられない (동사 ない형에 붙어) ~하지 않고는 있을 수 없다 〈この映画を見ると、涙を流さずにはいられない 이 영화를 보면 눈물을 흘리지 않고는 못 배긴다〉 □施す 시행하다, 실시하다 □むごい 잔인하다, 무자비하다, 끔찍하다 □掟 규정, 규칙, 규율

* 二目も三目も置いている '두세 수 접히다'라는 뜻으로, 관용구 一目(いちもく)置(お)く(한 수 접다)에서 온 말이다. 目(もく)는 바둑에서의 '집'을 말한다.

だんだん大きくなるにつれてわかって来た。学校の修身を絶対に守っていると、その人はばかを見る。変人と言われる。出世しないで、いつも貧乏だ。嘘をつかない人なんて、あるかしら。あったら、その人は、永遠に敗北者だ。私の肉親関係のうちにも、ひとり、行い正しく、固い信念を持って、理想を追及して*それこそ本当の意味で生きているひとがあるのだけれど、親類のひとみんな、そのひとを悪く言っている。馬鹿あつかいしている。私なんか、そんな馬鹿あつかいされて敗北するのがわかっていながら、お母さんや皆に反対してまで自分の考えかたを伸ばすことは、できない。おっかないのだ。小さい時分には、私も、自分の気持ちとひとの気持ちと全く違ってしまったときには、お母さんに、

■ ~につれて (동사 기본형 · 명사에 붙어, 앞의 상황에 따라 뒤의 상황이 함께 변하는 현상을 나타냄) ~함에 따라 〈年をとるにつれて白髪(しらが)が増(ふ)えていく 나이를 먹음에 따라 흰 머리가 늘어난다〉 □ばかを見る 손해를 보다 □変人 이상한 사람, 특이한 사람 □出世する 출세하다 □貧乏だ 가난하다, 빈곤하다 □永遠に 영원히 □敗北者 패배자 □肉親関係 혈육 관계 □行い正しい 품행(행실)이 바르다 □馬鹿あつかいする 바보 취급하다 □敗北する 패배하다, 지다 □反対する 반대하다 □~してまで ~하면서까지 □時分 때, 시절 □全く 완전히, 아주, 전적으로

* 追及する '책임을 추궁하다, 추적하다'란 뜻으로, 본문의 내용에 맞게 쓰려면 追究(ついきゅう)する(추구하다)라고 표기해야 한다.

「なぜ？」と聴(き)いたものだ。そのときには、お母さんは、何か一言(ひとこと)で片(かた)づけて、そうして怒(おこ)ったものだ。悪(わる)い、不良(ふりょう)みたいだ、と言って、お母さんは悲しがっていたようだった。お父さんに言ったこともある。お父さんは、そのときただ黙って笑っていた。そしてあとでお母さんに「中心(ちゅうしん)はずれ*の子だ。」とおっしゃっていたそうだ。だんだん大きくなるにつれて、私は、おっかなびっくりになってしまった。洋服(ようふく)いちまい作(つく)るのにも、人々の思惑(おもわく)を考えるようになってしまった。自分の個性みたいなものを、本当は、こっそり愛しているのだけれども、愛して行きたいとは思うのだけど、それをはっきり自分のものとして体現(たいげん)するのは、おっかないのだ。人々が、よいと思う娘になろうといつも思う。

■ ～ものだ (동사 た형에 붙어 과거의 회상을 나타냄) ~하곤 했다 〈子供の頃(ころ)は兄とよくけんかをしたものだ 어렸을 때는 형과 자주 싸움을 하곤 했다〉 □片づける 정리하다 □不良 불량(함) □ただ 그저, 단지 □中心はずれ 중심에서 벗어남(어긋남) 〈予測(よそく)はずれ 예측에서 벗어남 | 期待(きたい)はずれ 기대에 어긋남 | 的(まと)はずれ 목표를 벗어남 | 常識(じょうしき)はずれ 상식을 벗어남〉 □おっかなびっくりになる 무서워서 벌벌 떨게 되다, 흠칫거리게 되다 □洋服 양복 〈본문에서는 '옷'의 뜻으로 쓰였음〉 □思惑 평판, 소문, 생각, 의도 □～(よ)うになる ~하게 되다 □こっそり 몰래, 살짝 □愛する 사랑하다 □体現する 체현하다, 구현하다

たくさんの人たちが集まったとき、どんなに自分は卑屈(ひくつ)になることだろう。口に出したくも無いことを、気持ちと全然(ぜんぜん)はなれたことを、嘘ついてペチャペチャやっている。そのほうが得(とく)だ、得だと思うからなのだ。いやなことだと思う。早く道徳(どうとく)が一変(いっぺん)するときが来ればよいと思う。そうすると、こんな卑屈さも、また自分のためでなく、人の思惑のために毎日をポタポタ生活することも無くなるだろう。

おや、あそこ、席が空いた。いそいで網棚(あみだな)から、お道具(どうぐ)と傘(かさ)をおろし、すばやく割(わ)りこむ。右隣(みぎどなり)は中学生、左隣(ひだりどなり)は、子供背負(せお)ってねんねこ着ているおばさん。おばさんは、年よりのくせに厚化粧(あつげしょう)をして、髪(かみ)を流行(りゅうこう)まきにしている。顔は綺麗(きれい)なのだけれど、のどの所にしわが黒く寄(よ)っていて、あさましく、ぶってやりたいほど厭(いや)だった。人間は、立っているときと、座っているときと、まるっきり考えることが違って来る。

□**集まる** 모이다 □**卑屈** 비굴(함) □**口に出す** 입 밖으로 내다, 말을 꺼내다 □**全然** 완전히 □**ペチャペチャ** 시끄럽게 수다를 떠는 모양, 재잘재잘 □**得だ** 득이다, 이익이다 □**一変する** 일변하다 □**ポタポタ** 액체가 방울이 되어 떨어지는 모양, 똑똑, 뚝뚝 〈여기서는 땀을 가리킴〉 □**席が空く** 자리가 비다(나다) □**いそいで** 서둘러서 □**おろす** 내리다 □**すばやい** 재빠르다 □**割りこむ** 끼어들다 □**背負う** 등에 업다 □**ねんねこ** (아기를 업을 때 두르는) 포대기 □**厚化粧** 두껍고 진한 화장 〈厚化粧をする 진한 화장을 하다〉 □**流行まき** 유행하는 헤어스타일 〈머리를 둥글게 말아 올리는 스타일〉 □**しわ** 주름 〈しわが寄る 주름이 잡히다〉 □**あさましい** 비열하다, 치사하다, 비참하다, 한심스럽다 □**ぶつ**(打つ) 때리다, 치다 □**まるっきり** 완전히

座っていると、なんだか頼(たよ)りない、無気力(むきりょく)なことばかり考える。私と向(む)かい合(あ)っている席には、四、五人、同じとし恰好(かっこう)のサラリイマンが、ぼんやり座っている。三十ぐらいであろうか。みんな、いやだ。目が、どろんと濁(にご)っている。覇気(はき)が無い。けれども、私がいま、このうちの誰かひとりに、にっこり笑って見せると、たったそれだけで私は、ずるずる引(ひ)きずられて、その人と結婚(けっこん)しなければならぬ破目(はめ)におちるかも知れないのだ。女は、自分の運命(うんめい)を決するのに、微笑(びしょう)一つでたくさんなのだ。おそろしい。不思議(ふしぎ)なくらいだ。気をつけよう。けさは、ほんとに妙(みょう)なことばかり考える。二、三日まえから、うちのお庭(にわ)を手入(てい)れしに来ている植木屋(うえきや)さんの顔が目にちらついて、しかたがない。どこからどこまで植木屋さんなのだけれど、顔の感じが、どうしてもちがう。おおげさに言えば、

□頼りない 미덥지 못하다, (믿기에는) 불안하다 □向かい合う 마주하다, 마주 대하다 □とし恰好 보아서 짐작되는 대강의 나이 □サラリイマン 샐러리맨 =サラリーマン □どろんと 눈이 풀려 흐리멍덩하거나 충혈된 모양 □濁る 탁해지다, 흐려지다 □覇気 패기 □にっこり 씽긋, 방긋 □ずるずる 질질 끌거나 끌리는 모양, 질질 □引きずる 질질 끌다 □～ぬ ~지 않다 〈=ん, 부정을 나타내는 말로 동사 ない형에 붙음. 단, するは せぬ, くるは こぬ가 됨〉 □破目 곤란한 처지, 궁지 〈羽目라고도 표기함 | 困(こま)った破目(はめ)になる 곤란한 처지에 놓이다〉 □決する 결정하다, 결심하다 □微笑 미소 □ほんと 정말 □妙だ 묘하다 □手入れする 손질하다 □植木屋さん 정원수(분재) 가게 또는 가게 주인 □目にちらつく 눈에 어른거리다 □おおげさに言えば 과장되게 말하자면

思索家みたいな顔をしている。色は黒いだけにしまって見える。目がよいのだ。眉もせまっている。鼻は、すごく獅子っぱな*だけれど、それがまた、色の黒いのにマッチして、意志が強そうに見える。唇のかたちも、なかなかよい。耳は少し汚い。手といったら、それこそ植木屋さんに逆もどりだけれど、黒いソフトを深くかぶった日蔭の顔は、植木屋さんにして置くのは惜しい気がする。お母さんに、三度も四度も、あの植木屋さん、はじめから植木屋さんだったのかしら、とたずねて、しまいに叱られてしまった。きょう、お道具を包んで来たこの風呂敷は、ちょうど、あの植木屋さんがはじめて来た日に、お母さんからもらったのだ。あの日は、うちのほうの大掃除だったので、台所直しさんや、畳屋さんもはいっていて、

□思索家 사색가 □~だけに ~인 만큼 □しまる (표정이나 몸매가) 야무지게 되다, 단단하게 되다 □眉 눈썹 □せまる(迫る) (간격 · 폭이) 좁아지다 □マッチする 매치하다, 일치하다 □汚い 더럽다 □~といったら ~으로 말하자면 □逆もどり 되돌아감, 되돌아옴 □ソフト (펠트로 만든) 중절모, 소프트 모자 〈ソフト帽(ぼう)의 줄임말〉 □日蔭 그늘 □惜しい 아깝다 □たずねる 묻다, 질문하다 □しまいに 끝내 □包む 싸다 □風呂敷 보자기 □ちょうど 마침 □大掃除 대청소 □台所直しさん 부엌 수리점 또는 수리공 □畳屋さん 다다미 가게 또는 가게 주인

* 獅子っぱな　'들창코'란 뜻으로, 獅子鼻(ししばな)를 강하게 발음한 것이다. 獅子舞(ししまい)(사자춤)에 쓰이는 사자의 코가 들창코인 것에서 유래했다고 한다.

お母さんもたんすのものを整理(せいり)して、そのときに、この風呂敷が出て来て、私がもらった。綺麗(きれい)な女らしい風呂敷。綺麗だから、結(むす)ぶのが惜しい。こうして座って、膝(ひざ)の上にのせて、何度もそっと見てみる。撫(な)でる。電車(でんしゃ)の中の皆(みんな)の人にも見てもらいたいけれど、誰も見ない。この可愛(かわい)い風呂敷を、ただ、ちょっと見つめてさえ下さったら、私は、その人のところへお嫁(よめ)に行くことにきめてもいい。本能(ほんのう)、という言葉につき当(あた)ると、泣いてみたくなる。本能の大きさ、私たちの意志では動かせない力、そんなことが、自分の時々のいろんなことからわかって来ると、気が狂(くる)いそうな気持ちになる。どうしたらよいのだろうか、とぼんやりなってしまう。否定(ひてい)も肯定(こうてい)もない、ただ、大きな大きなものが、がばと頭からかぶさって来たようなものだ。そして私を自由(じゆう)に引(ひ)きずりまわしているのだ。

□たんす 장롱 □整理する 정리하다 □女らしい 여성스럽다 〈~らしい (명사에 붙어) ~답다, ~스럽다 | 学生らしい 학생답다〉 □結ぶ 묶다, 연결하다 □膝 무릎 □撫でる 쓰다듬다, 어루만지다 □見つめる 지켜보다, 바라보다 □お嫁に行く 시집을 가다 □~ことにきめる ~하기로 정하다 □本能 본능 □つき当る 부딪치다, 충돌하다 □気が狂う 미치다, 정신이 돌다 □肯定 긍정 □がばと 갑자기 동작을 행하는 모양, 벌떡, 발딱, 푹, 털썩 □かぶさる(被さる) 덮이다, 씌워지다, 겹치다 □引きずりまわす 질질 끌고 다니다

引きずられながら満足(まんぞく)している気持ちと、それを悲しい気持ちで眺(なが)めている別(べつ)の感情(かんじょう)と。なぜ私たちは、自分だけで満足し、自分だけを一生(いっしょう)愛して行けないのだろう。本能が、私のいままでの感情、理性(りせい)を喰(く)ってゆくのを見るのは、情(なさけ)ない。ちょっとでも自分を忘(わす)れることがあった後(あと)は、ただ、がっかりしてしまう。あの自分、この自分にも本能が、はっきりあることを知って来るのは、泣けそうだ。お母さん、お父さんと呼びたくなる。けれども、また、真実(しんじつ)というものは、案外(あんがい)、自分が厭(いや)だと思っているところにあるのかも知れないのだから、いよいよ情ない。

□眺める 바라보다 □別の~ 다른~ □感情 감정 □一生 일생, 평생 □理性 이성 □喰う 먹다 〈食べる보다 거친 말〉 □がっかりする 실망하다 □泣ける (감동하여) 눈물이 나오다, 눈물이 복받치다 □真実 진실 □~というものは ~라는 것은 □案外 의외로 □いよいよ 더욱더, 점점, 드디어, 마침내

もう、お茶(ちゃ)の水(みず)。プラットフォムに降(お)り立(た)ったら、なんだかすべて、けろりとしていた。いま過(す)ぎたことを、いそいで思いかえしたく努(つと)めたけれど、いっこうに思(おも)い浮(う)かばない。あの、つづきを考えようと、あせったけれど、何(なに)も思うことがない。からっぽだ。その時、時には、ずいぶんと自分の気持ちを打(う)ったものもあったようだし、くるしい恥(は)ずかしいこともあったはずなのに、過ぎてしまえば、何もなかったのと全(まった)く同じだ。いま、という瞬間(しゅんかん)は、面白(おもしろ)い。いま、いま、いま、と指(ゆび)でおさえているうちにも、いま、は遠くへ飛(と)び去(さ)って、あたらしい「いま」が来ている。ブリッジの階段(かいだん)をコトコト昇(のぼ)りながら、ナンジャラホイと思った。ばかばかしい。私は、少し幸福(こうふく)すぎるのかも知れない。

□プラットフォム 플랫폼 =プラットホーム　□降り立つ 내려서다　□けろりと 흔적도 없이 잊어버리는 모양, 깨끗이　□思いかえす 다시 생각하다, 회상하다, 재고하다　□努める 애쓰다, 노력하다　■ いっこうに～ない 조금도 ~하지 않다, 전혀 ~하지 않다 〈薬(くすり)を飲んでもいっこうに効(き)き目(め)がない 약을 먹어도 전혀 효력이 없다〉　□思い浮かぶ 마음에 떠오르다, 생각나다, 상기되다　□気持ちを打つ 마음을 감동시키다　□くるしい 괴롭다　□瞬間 순간　□おさえる 누르다, 억누르다　□飛び去る 날아가 버리다　□ブリッジ 육교　□コトコト 가볍게 부딪칠 때 나는 소리, 콩콩, 쿵쿵, 딸그락딸그락　□昇る 올라가다　□ナンジャラホイ 이게 도대체 뭐야? =なんだこりゃ　□ばかばかしい 바보 같다　□幸福 행복

けさの小杉(こすぎ)先生は綺麗。私の風呂敷みたいに綺麗。美しい青色(あおいろ)の似合(にあ)う先生。胸(むね)の真紅(しんく)のカーネーションも目立(めだ)つ。「つくる」ということが、無(な)かったら、もっともっとこの先生すきなのだけれど。あまりにポオズをつけすぎる。どこか、無理(むり)がある。あれじゃあ疲(つか)れることだろう。性格(せいかく)も、どこか難解(なんかい)なところがある。わからないところをたくさん持っている。暗(くら)い性質(せいしつ)なのに、無理に明(あか)るく見(み)せようとしているところも見える。しかし、なんといっても魅(ひ)かれる女のひとだ。学校の先生なんてさせて置くの惜(お)しい気がする。お教室(きょうしつ)では、まえほど人気(にんき)が無くなったけれど、私は、私ひとりは、まえと同様(どうよう)に魅かれている。山中(やまなか)、湖畔(こはん)の古城(こじょう)に住(す)んでいる令嬢(れいじょう)、そんな感じがある。厭(いや)に、ほめてしまったものだ。小杉(こすぎ)先生のお話は、どうして、いつもこんなに固(かた)いのだろう。頭がわるいのじゃないかしら。悲しくなっちゃう。さっきから、

□**似合う** 어울리다 □**真紅** 진홍색 □**カーネーション** 카네이션 □**ポオズ** 포즈, 자세 〈＝ポーズ, ポーズをつける 자세를 취하다, 젠체하다, 허세를 부리다〉 □**無理** 무리, 억지 □**～じゃあ** ~면 〈～では의 회화체 준말로, 뒤의 あ는 감정을 강조하기 위해 덧붙인 것임〉 □**難解** 난해(함) □**～ところがある** ~점이 있다, ~부분이 있다 □**性質** 성질, 성격 □**明るい** (성격이) 밝다, 활발하다 □**なんといっても** 뭐라고 해도 □**魅かれる** 끌리다, 매력이 있다 □**～と同様に** ~와 마찬가지로 □**湖畔** 호반 □**古城** 고성, 오래된 성 □**令嬢** 영애, 아가씨 〈남의 딸을 높여 부르는 말〉 □**厭に** 몹시, 심히, 대단히, 극히 □**ほめる**(褒める) 칭찬하다 □**さっきから** 아까부터

愛国心(あいこくしん)について永々(ながなが)と説(と)いて聞かせているのだけれど、そんなこと、わかりきっているじゃないか。どんな人にだって、自分の生(う)まれたところを愛(あい)する気持ちはあるのに。つまらない。机(つくえ)に頬杖(ほおづえ)ついて、ぼんやり窓(まど)のそとを眺(なが)める。風の強いゆえか、雲(くも)が綺麗だ。お庭(にわ)の隅(すみ)に、薔薇(ばら)の花が四つ咲(さ)いている。黄色(きいろ)が一つ、白が二つ、ピンクが一つ。ぽかんと花を眺(なが)めながら、人間(にんげん)も、本当(ほんとう)によいところがある、と思った。花の美しさを見つけたのは、人間だし、花を愛するのも人間だもの。

□愛国心 애국심 □永々と 장황하게, 아주 길게 □説く 설명하다 □わかりきる 다 알다 〈~きる (동사 ます형에 붙어) 끝까지 ~하다, 전부 ~하다 | 3時間もかけて、山の頂上(ちょうじょう)まで登(のぼ)りきった 3시간이나 걸려서 산 정상까지 다 올라갔다〉 □~にだって ~에게도 □頬杖つく 턱을 괴다 □~ゆえか ~때문인지, ~이유인지 □ぽかんと 멍하니 □~もの ~인걸 〈주로 여성과 아이들이 자기의 주장을 말할 때 씀〉

お昼御飯のときは、お化け話が出る。ヤスベエねえちゃんの、一高七不思議の一つ、「開かずの扉」には、もう、みんな、きゃあ、きゃあ。ドロンドロン式*でなく、心理的なので、面白い。あんまり騒いだので、いま食べたばかりなのに、もうペコになってしまった。さっそくアンパン夫人から、キャラメル御馳走になる。それからまた、ひとしきり恐怖物語にみなさん夢中。誰でもかれでも、このお化け話とやらには、興味が湧くらしい。一つの刺激でしょうかな。それから、これは怪談ではないけれど、「久原房之助*」の話、おかしい、おかしい。

□お化け話 귀신이야기 □一高 제1고등학교 〈第一高等学校의 줄임말〉 □七不思議 7대 불가사의 □扉 문 □きゃあきゃあ 몹시 놀라거나 무서울 때 내는 소리, 캬아캬아 □騒ぐ 소란을 피우다, 소동을 일으키다 ■ ~たばかりだ (동사 た형에 붙어) 막 ~하다 〈コーヒーを飲んだばかりだから、飲みたくない 커피를 막 마셨기 때문에 마시고 싶지 않다〉 □ペコになる 배가 고파지다 □さっそく 당장 □アンパン 단팥빵 □夫人 부인 □キャラメル 캐러멜 □ひとしきり 한차례, 한바탕 □恐怖物語 공포이야기 □誰でもかれでも 누구나 다 □~とやら ~이라던가, ~같은 〈얼버무릴 때 씀〉 □興味 흥미 □湧く 들끓다, 열광하다, 흥분하다 □刺激 자극 □怪談 괴담

* ドロンドロン式　유령이 갑자기 모습을 감추는 모양을 나타내는 말로, 歌舞伎(かぶき)에서 유령이 사라질 때 큰북으로 どろんどろん하고 두드린 것에서 유래했다.

* 久原房之助(1869~1965)　광산 경영을 기반으로 하여 현재의 日立製作所(ひたちせいさくしょ)를 창립한 전전 시대 일본의 실업가로, 후에 정계에도 진출하여 체신청 대신, 입헌정우회 총재를 역임하며 정계의 흑막으로 불렸다. 一国一党論을 주장했다.

午後の図画の時間には、皆、校庭に出て、写生のお稽古*。伊藤先生は、どうして私を、いつも無意味に困らせるのだろう。きょうも私に、先生ご自身の絵のモデルになるよう言いつけた。私のけさ持参した古い雨傘が、クラスの大歓迎を受けて、皆さん騒ぎたてるものだから、とうとう伊藤先生にもわかってしまって、その雨傘持って、校庭の隅の薔薇の傍に立っているよう、言いつけられた。先生は、私のこんな姿を画いて、こんど展覧会に出すのだそうだ。三十分間だけ、モデルになってあげることを承諾する。すこしでも、人のお役に立つことは、うれしいものだ。けれども、伊藤先生と二人で向かい合っていると、とても疲れる。話がねちねちして理窟が多すぎるし、あまりにも私を意識しているゆえか、スケッチしながらでも話すことが、みんな私のことばかり。

□図画 도화, 그림 □写生 사생 □困る 곤란하다, 난처하다 □持参する 지참하다, 가지고 다니다 □大歓迎を受ける 대환영을 받다 □騒ぎたてる 소란을 일으키다, 난리를 피우다 □傍 옆 □展覧会 전람회 □承諾する 승낙하다 □役に立つ 도움이 되다, 쓸모가 있다 □うれしい 기쁘다 ■ ~ものだ (동사 · い형용사 기본형, な형용사な에 붙어 당연함을 나타냄) ~하는 법이다 〈誰でも自分の子供はかわいいものだ 누구라도 자기 아이는 귀여운 법이다〉 □ねちねち 끈적끈적, 추근추근, 치근치근 □理窟が多い 말이 많다, 자기주장이 많다 □スケッチする 스케치하다

* お稽古 '무술의 기예나 예능 계통의 것을 배우고 익히거나 연습하는 것'을 뜻하는 말로, 주로 요리, 꽃꽂이, 다도, 서예, 춤, 三味線(しゃみせん) 연주, 궁술 등을 연습하는 것을 말한다.

返事するのも面倒(めんどう)くさく、わずらわしい。ハッキリしない人である。変(へん)に笑ったり、先生のくせに恥(は)ずかしがったり、何しろサッパリしないのには、ゲッとなりそうだ。

「死んだ妹(いもうと)を、思い出します。」なんて、やりきれない。人は、いい人なんだろうけれど、ゼスチュアが多(おお)すぎる。

ゼスチュアといえば、私だって、負(ま)けないでたくさんに持っている。私のは、その上、ずるくて利巧(りこう)に立ちまわる。本当にキザなのだから始末(しまつ)に困る。「自分は、ポオズをつくりすぎて、ポオズに引きずられている嘘(うそ)つきの化けものだ」なんて言って、これがまた、一つのポオズなのだから、動きがとれない。こうして、おとなしく先生のモデルになってあげていながらも、つくづく、「自然(しぜん)になりたい、素直(すなお)になりたい」と祈(いの)っているのだ。本なんか読むの止(や)めてしまえ。

□返事する 대답하다 □面倒くさい 귀찮다, 성가시다 □わずらわしい 번거롭다 □サッパリしない 개운하지 않다 □ゲッとなる 구역질 나다 □思い出す 떠올리다, 생각나다 □ゼスチュア 제스처 =ジェスチャー □~といえば ~라고 하면 □~だって ~도, ~역시 □負ける 지다, 패하다 □その上 게다가 □ずるい 교활하다, 뻔뻔하다 □利巧に 요령 있게, 약삭빠르게 □立ちまわる 처신하다, 행동하다 □キザだ (마음에) 거슬리다, 불쾌하다, 아니꼽다 □始末 처리, 정리, 처치 □化けもの 도깨비, 귀신, 괴물 □~ながらも (동사 ます형에 붙어 역접을 나타냄) ~하면서도 □つくづく 절실하게, 간절하게 □素直 순수함, 순진함. 순박함. 솔직함, 온순함 □祈る 기도하다, 기원하다, 간절히 바라다 □~なんか ~따위, ~같은 것 □止める 그만두다

観念だけの生活で、無意味な、高慢ちきの知ったかぶりなんて、軽蔑、軽蔑。やれ生活の目標が無いの、もっと生活に、人生に、積極的になればいいの、自分には矛盾があるのどうのって、しきりに考えたり悩んだりしているようだが、おまえのは、感傷だけさ。自分を可愛がって、慰めているだけなのさ。それからずいぶん自分を買いかぶっているのですよ、ああ、こんな心の汚い私をモデルにしたりなんかして、先生の絵は、きっと落選だ。美しいはずがないもの。いけないことだけれど、伊藤先生がばかに見えてしようがない。先生は、私の下着に、薔薇の花の刺繍のあることさえ、知らない。

だまって同じ姿勢で立っていると、やたら無性に、お金が欲しくなって来る。十円あれば、よいのだけれど。「マダム・キュリイ」がいちばん読みたい。それから、ふっと、お母さん長生きするように、と思う。先生のモデルになっていると、へんに、つらい。くたくたに疲れた。

□観念 관념 □高慢ちき 교만함, 오만함 □知ったかぶり 모르면서도 아는 체하는 것 또는 그런 사람 □目標 목표 □積極的 적극적 □矛盾 모순 □～って ~라는 =という □悩む 고민하다 □感傷 감상 □～さ ~이야, ~이지 〈가볍게 단언하는 느낌을 나타냄〉 □慰める 위로하다 □買いかぶる (실제 이상으로) 높게 평가하다 □落選 낙선 ■～はずがない (동사 · い형용사 보통형, な형용사な, 명사の에 붙어) ~할 리가 없다 〈彼がそんな大胆(だいたん)な行動(こうどう)をするはずがない 그가 그런 대담한 행동을 할 리가 없다〉 □姿勢 자세, 태도 □マダム 마담, 부인 □ふっと 문득 〈ふと의 힘줌말〉 □長生きする 장수하다, 오래 살다 □つらい 괴롭다, 힘들다

放課後は、お寺の娘さんのキン子さんと、こっそり、ハリウッドへ行って、髪をやってもらう。できあがったのを見ると、頼んだようにできていないので、がっかりだ。どう見たって、私は、ちっとも可愛くない。あさましい気がした。したたかに、しょげちゃった。こんな所へ来て、こっそり髪をつくってもらうなんて、すごく汚らしい一羽の雌鶏みたいな気さえして来て、つくづくいまは後悔した。私たち、こんなところへ来るなんて、自分自身を軽蔑していることだと思った。お寺さんは、大はしゃぎ。

「このまま、見合いに行こうかしら。」なぞと乱暴なこと言い出して、そのうちに、なんだかお寺さんご自身、見合いに、ほんとうに行くことにきまってしまったような錯覚を起したらしく、

「こんな髪には、どんな色の花を挿したらいいの？」とか、「和服のときには、帯は、どんなのがいいの？」なんて、本気にやり出す。

□ハリウッド 할리우드 □髪をやってもらう 머리 손질을 받다 □できあがる 완성되다, 다 되다 □したたかに 몹시, 매우 □髪をつくる 머리를 손질하다, 머리를 다듬다 □汚らしい 더러워 보이다, 추접스럽다, 꾀죄하다 □雌鶏 암탉 ↔ 雄鳥(おんどり) 수탉 □大はしゃぎ 들뜨거나 신이 나서 크게 떠듦 □～なぞ ~따위, ~같은 것 ＝など □乱暴 난폭(함), 거침 □挿す 꽂다 □和服 일본옷 〈본문에서는 일본 기모노(着物)를 가리킴〉 □帯 허리에 두르는 띠 □本気 진심, 본심

ほんとに、何も考えない可愛らしいひと。

「どなたと見合いなさるの？」と私も、笑いながら尋(たず)ねると、

「もち屋(や)は、もち屋と言いますからね」と、澄(す)まして答(こた)えた。それどういう意味(いみ)なの、と私も少し驚(おどろ)いて聴(き)いてみたら、お寺の娘はお寺へお嫁入(よめい)りするのがいちばんいいのよ、一生食べるのに困らないし、と答えて、また私を驚かせた。キン子さんは、全く無性格(むせいかく)みたいで、それゆえ、女(おんな)らしさでいっぱいだ。学校で私と席がお隣同士(となりどうし)だというだけで、そんなに私は親(した)しくしてあげているわけでもないのに、お寺さんのほうでは、私のことを、あたしのいちばんの親友(しんゆう)です、なんて皆に言っている。可愛い娘さんだ。一日置(いちにちお)きに手紙(てがみ)をよこしたり、なんとなくよく世話(せわ)をしてくれて、ありがたいのだけれど、きょうは、あんまりおおげさにはしゃいでいるので、

□もち屋 떡집 □お嫁入りする 시집을 가다 □無性格 성격이 별나지 않음 □それゆえ 그러므로, 그렇기 때문에, 그런 이유로 □～同士 ~끼리, ~사이 □親しい 친하다 □～わけでもない ~하는 것도 아니다 □あたし 나〈わたし보다 허물 없는 말로 주로 젊은 여성들이 씀〉 □親友 친한 친구, 단짝 친구 □～置きに ~걸러 □手紙をよこす 편지를 보내오다 □なんとなく 왠지 모르게, 어쩐지 □世話をする 보살피다 □はしゃぐ 들떠서 떠들어 대다

私も、さすがにいやになった。お寺さんとわかれて、バスに乗(の)ってしまった。なんだか、なんだか憂鬱(ゆううつ)だ。バスの中で、いやな女のひとを見た。襟(えり)のよごれた着物(きもの)を着て、もじゃもじゃの赤い髪を櫛一本(くしいっぽん)に巻(ま)きつけている。手も足もきたない。それに男か女か、わからないような、むっとした赤黒(あかぐろ)い顔をしている。それに、ああ、胸がむかむかする。その女は、大きいおなかをしているのだ。ときどき、ひとりで、にやにや笑っている。雌鶏(めんどり)。こっそり、髪をつくりに、ハリウッドなんかへ行く私だって、ちっとも、この女のひとと変(かわ)らないのだ。けさ、電車で隣(とな)り合(あわ)せた厚化粧(あつげしょう)のおばさんをも思い出す。ああ、汚(きたな)い、汚い。女は、いやだ。自分が女だけに、女の中にある不潔(ふけつ)さが、よくわかって、歯(は)ぎしりするほど、厭(いや)だ。

□さすがに 역시, 정말로 □わかれる(別れる) 헤어지다, 이별하다 □憂鬱 우울(함) □襟 옷의 깃 □よごれる 더러워지다, 때 묻다 □もじゃもじゃ 털 등이 보기 흉하게 많이 난 모양, 덥수룩 □櫛 빗 〈머리를 빗거나 장식할 때 사용하는 도구〉 □巻きつける 휘감다, 감아서 떨어지지 않게 하다 □～か～か ~인지 ~인지, ~인가 ~인가 □むっと 화가 치밀어 올라 입을 다물고 가만히 있는 모습, 불끈하다 □むかむかする 속이 울렁거리다 □にやにや 히죽히죽 □～と変らない ~와 다르지 않다, ~와 변함 없다 □隣り合せる 나란히 함께하다, 서로 이웃하다 □不潔さ 불결함 □歯ぎしりする 이를 갈다

金魚(きんぎょ)をいじったあとの、あのたまらない生臭(なまぐさ)さが、自分のからだいっぱいにしみついているようで、洗(あら)っても、洗っても、落(お)ちないようで、こうして一日一日、自分も雌(めす)の体臭(たいしゅう)を発散(はっさん)させるようになって行くのかと思えば、また、思(おも)い当(あ)たることもあるので、いっそこのまま、少女(しょうじょ)のままで死にたくなる。ふと、病気(びょうき)になりたく思う。うんと重い病気になって、汗(あせ)を滝(たき)のように流(なが)して細(ほそ)く痩(や)せたら、私も、すっきり清浄(せいじょう)になれるかも知れない。生きている限(かぎ)りは、とてものがれられないことなのだろうか。しっかりした宗教(しゅうきょう)の意味もわかりかけて来たような気がする。

□**金魚** 금붕어 □**いじる**(弄る) (손으로) 만지작거리다, 주무르다, 만지다 □**たまらない** 참을 수 없다, 견딜 수 없다 □**生臭さ** 비린내 □**しみつく** (냄새가) 배다, 얼룩지다 □**雌** 암컷 ↔ 雄(おす) 수컷 □**体臭** 몸의 냄새, 체취 □**発散する** 발산하다 ■ **~かと思えば** ~할 거라고 생각했더니, ~하나 싶더니 〈宿題をしているかと思えば、眠(ねむ)っている 숙제를 하고 있을 거라고 생각했더니, 잠들어 있다〉 □**思い当たる** 짚이다, 짐작이 가다 □**いっそ** 차라리 □**汗** 땀 □**滝** 폭포 □**痩せる** 마르다 □**すっきり** 완전히, 전부, 상쾌한, 깔끔한 □**清浄** 청정 ■ **~限りは** (동사 기본형 · ている형에 붙어 앞에 오는 상황을 한정하여 나타냄) ~하고 있는 한은 〈ここで働いている限りは、規則(きそく)を守(まも)らなければならない 여기에서 일하고 있는 한은 규칙을 지켜야만 한다〉 □**のがれる** 피하다, 도망치다 □**しっかりした** 제대로 된, 진정한

バスから降(お)りると、少しほっとした。どうも乗(の)り物(もの)は、いけない。空気(くうき)が、なまぬるくて、やりきれない。大地(だいち)は、いい。土(つち)を踏(ふ)んで歩いていると、自分を好きになる。どうも私は、少しおっちょこちょいだ。極楽(ごくらく)トンボだ。かえろかえろと何見てかえる、畠(はたけ)の玉(たま)ねぎ見い見いかえろ、かえろが鳴(な)くからかえろ。と小さい声(こえ)で唄(うた)ってみて、この子は、なんてのんきな子だろう、と自分ながら歯(は)がゆくなって、背(せ)ばかり伸(の)びるこのボーボーが憎(にく)らしくなる。いい娘さんになろうと思った。

このお家に帰る田舎道(いなかみち)は、毎日毎日、あんまり見なれているので、どんな静(しず)かな田舎だか、わからなくなってしまった。

□**ほっとする** 안심하다 □**なまぬるい** 미지근하다, 미적지근하다 □**おっちょこちょい** 덜렁이, 촐랑이 □**極楽トンボ** 성격이 느긋하고 고민 없이 태평스럽게 사는 사람을 놀리는 말 □**畠** 밭 □**玉ねぎ** 양파 □**見い見い** 보고 또 보고 □**かえろ** かえる(개구리)와 かえる(帰る)의 의지형 かえろ(う)를 겹쳐 씀으로서 노래의 리듬을 살리고 있음. 또, 만담가 사이에서 かえる를 かえろ라고 하였음 ■**なんて~だろう** 어쩌면 이토록 ~일까!, 어쩌면 이렇게 ~할까! 〈なんてきれいな花だろう 어쩌면 이토록 예쁜 꽃일까!〉 □**のんきだ** 느긋하다, 태평하다 □**自分ながら** 내가 생각해도, 나 스스로도 = われながら □**歯がゆい** (뜻대로 되지 않아서) 답답하다 □**伸びる** 자라다, 늘다, 크다, 성장하다 □**ボーボー** 털·수염 등이 덥수룩한 모양 또는 그런 사람을 가리키는 말, 털보 〈여기서는 정체를 알 수 없는 요괴와 같은 것을 가리키는 말로 쓰임〉 □**憎らしい** 얄밉다 □**田舎道** 시골길 □**見慣れる** 눈에 익숙하다, 많이 봐서 익숙하다

ただ、木、道、畠、それだけなのだから。きょうは、ひとつ、よそからはじめてこの田舎にやって来た人の真似(まね)をして見よう。私は、ま、神田(かんだ)あたりの下駄屋(げたや)さんのお嬢(じょう)さんで、生まれてはじめて郊外(こうがい)の土を踏むのだ。すると、この田舎は、いったいどんなに見えるだろう。すばらしい思いつき。可哀想(かわいそう)な思いつき。私は、あらたまった顔つきになって、わざと、おおげさにきょろきょろしてみる。小さい並木路(なみきみち)を下(くだ)るときには、振(ふ)り仰(あお)いで新緑(しんりょく)の枝々(えだえだ)を眺め、まあ、と小さい叫(さけ)びを挙(あ)げてみて、土橋(どばし)を渡(わた)るときには、しばらく小川(おがわ)をのぞいて、水鏡(みずかがみ)に顔をうつして、ワンワンと、犬の真似して吠(ほ)えてみたり、遠くの畠を見るときは、目を小さくして、うっとりしたふうをして、いいわねえ、と呟(つぶや)いて溜息(ためいき)。神社(じんじゃ)では、また一休(ひとやす)み。

□よそ 타지, 딴 곳, 남의 집 □真似をする 흉내를 내다 □神田 칸다 〈토쿄에 있는 지명〉 □～あたり(辺り) ~주변, ~근처 □郊外 교외 □すばらしい(素晴らしい) 훌륭하다, 멋지다 □思いつき (갑자기 떠오른) 생각 □あらたまる(改まる) 정색하다, 격식을 차리다, 바뀌다, 개선되다 □顔つき 얼굴표정 □わざと 일부러, 고의로 □きょろきょろ 주위를 살피는 모양, 두리번두리번 □並木路 가로수길 □下る 내려가다 □振り仰ぐ 얼굴을 들어 높은 곳을 보다 □新緑 신록 □叫びを挙げる 소리를 외치다 □土橋 흙으로 만든 다리 □渡る 건너가다 □小川 작은 시내 □のぞく(覗く) 엿보다 □水鏡 물거울 □うつす(映す) 비추다 □吠える (개가) 짖다 □目を小さくする 눈을 가늘게 뜨다 □うっとり 황홀히, 멍하니, 넋을 잃고 □～ふうをする ~척을 하다 □呟く 중얼거리다 □溜息 한숨

神社の森の中は、暗いので、あわてて立ち上って、おお、こわこわ、と言い肩を小さく窄(すぼ)めて、そそくさ森を通り抜け、森のそとの明るさに、わざと驚いたようなふうをして、いろいろ新しく新しく、と心掛(こころが)けて田舎の道を、凝(こ)って歩いているうちに、なんだか、たまらなく淋(さび)しくなって来た。とうとう道傍(みちばた)の草原(くさはら)に、ペタリと座ってしまった。草の上に座ったら、つい今しがたまでの浮き浮きした気持ちが、コトンと音たてて消(き)えて、ぎゅっとまじめになってしまった。そうして、このごろの自分を、静かに、ゆっくり思ってみた。なぜ、このごろの自分が、いけないのか。どうして、こんなに不安(ふあん)なのだろう。いつでも、何かにおびえている。この間も、誰かに言われた。「あなたは、だんだん俗(ぞく)っぽくなるのね」

□**立ち上る** 일어서다　□**こわこわ** 매우 무섭다〈こわい를 강조하여 만든 말〉　□**肩を窄める** 어깨를 움츠리다　□**そそくさ** 허겁지겁, 총총히, 허둥지둥　□**通り抜ける** 빠져나가다　□**心掛ける** 마음을 먹다, 결심하다　□**凝る** 열중하다, 몰두하다　□**淋しい** 외롭다　□**道傍** 길가　□**ペタリと** 힘없이 앉는 모양, 털썩 =ぺったりと　□**つい** 그만　□**今しがた** 방금, 이제 막　□**浮き浮きする** (설레임이나 기대 등으로 기분이나 마음이) 들뜨다　□**消える** 사라지다, 없어지다　□**ぎゅっと** 세게 죄거나 누르는 모양, 꽉, 꾹　□**おびえる** 겁에 질리다, 두려워하다　□**俗っぽい** 속되다, 상스럽다, 저속하다

そうかも知れない。私は、たしかに、いけなくなった。くだらなくなった。いけない、いけない。弱い、弱い。だしぬけに、大きな声が、ワッと出そうになった。ちぇっ、そんな叫び声あげたくらいで、自分の弱虫を、ごまかそうたって、だめだぞ。もっとどうにかなれ。私は、恋をしているのかも知れない。青草原に仰向けに寝ころがった。

「お父さん」と呼んでみる。お父さん、お父さん。夕焼の空は綺麗です。そうして、夕もやは、ピンク色。夕日の光が靄の中に溶けて、にじんで、そのために靄がこんなに、やわらかいピンク色になったのでしょう。そのピンクの靄がゆらゆら流れて、木立の間にもぐっていったり、路の上を歩いたり、草原を撫でたり、そうして、私のからだを、ふんわり包んでしまいます。私の髪の毛一本一本まで、ピンクの光は、

□だしぬけに(出し抜けに) 느닷없이, 갑작스럽게 □叫び声 크게 외치는 소리, 고함 □弱虫 겁쟁이 □ごまかす 속이다, 얼버무리다 □~(よ)うたって ~하려고 해도 =~ようとしても □~ぞ ~구나, ~야지, ~겠다 〈의견 · 생각 등을 강조하거나 다짐할 때 씀〉 □恋をする 사랑을 하다 □仰向け (누워서) 위를 향해 보고 있는 상태 □寝ころがる 아무렇게나 누워서 뒹굴다 □夕焼 저녁노을 □夕もや 저녁 안개 □夕日 석양 □靄 안개 □溶ける 녹다 □にじむ(滲む) 스며들다 □ゆらゆら 살랑살랑, 흔들흔들 □木立 나무 숲, (숲 속의) 나무 □もぐる(潜る) 숨어들다, 기어 들어가다, 잠입하다 □ふんわり 푹신히, 사뿐히, 두둥실, 포근하게

そっとかすかにてらして、そうしてやわらかく撫でてくれます。それよりも、この空は、美しい。このお空には、私うまれてはじめて頭を下げたいのです。私は、いま神様（かみさま）を信（しん）じます。これは、この空の色は、なんという色なのかしら。薔薇。火事（かじ）。虹（にじ）。天使（てんし）の翼（つばさ）。大伽藍（だいがらん）。いいえ、そんなんじゃない。もっと、もっとこうごうしい。

「みんなを愛したい」と涙（なみだ）が出そうなくらい思いました。じっと空を見ていると、だんだん空が変ってゆくのです。だんだん青味がかってゆくのです。ただ、溜息ばかりで、裸（はだか）になってしまいたくなりました。それから、いまほど木（こ）の葉（は）や草が透明（とうめい）に、美しく見えたこともありません。そっと草に、さわってみました。

美しく生きたいと思います。

□かすかに(微かに) 희미하게 □てらす(照らす) 비추다 □頭を下げる 머리를 숙이다 □虹 무지개 □天使 천사 □翼 날개 □大伽藍 대 사원, 대가람, 큰 절 □こうごうしい 신비롭다, 숭고하다, 거룩하고 성스럽다 □青味がかる 푸른빛을 띠다 □裸 나체, 알몸 □いまほど 요즈음, 근래, 조금 전, 방금 □透明 투명(함) □さわる(触る) 만지다, 손대다

家へ帰ってみると、お客様。お母さんも、もうかえっていられる。れいによって、何か、にぎやかな笑い声。お母さんは、私と二人きりのときには、顔がどんなに笑っていても、声をたてない。けれども、お客様とお話しているときには、顔は、ちっとも笑ってなくて、声ばかり、かん高(だか)く笑っている。挨拶(あいさつ)して、すぐ裏(うら)へまわり、井戸端(いどばた)で手を洗い、靴下(くつした)脱(ぬ)いで、足を洗っていたら、さかなやさんが来て、お待ちどおさま、まいど、ありがとう*と言って、大きなお魚(さかな)を一匹(いっぴき)、井戸端へ置いていった。なんという、おさかなか、わからないけれど、鱗(うろこ)のこまかいところ、これは北海(ほっかい)のものの感じがする。お魚を、お皿に移(うつ)して、また手を洗っていたら、北海道(ほっかいどう)の夏の臭(にお)いがした。おととしの夏休みに、北海道のお姉さんの家へ遊びに行ったときのことを思い出す。苫小牧(とまこまい)のお姉さんの家は、海岸(かいがん)に近いゆえか、始終(しじゅう)お魚の臭いがしていた。お姉さんが、

□れいによって 여느 때와 마찬가지로 □声をたてる 목소리를 높이다, 목소리를 크게 내다 □かん高い (목소리가) 높고 날카롭다, 새되다 □裏 뒤, 속 □井戸端 우물가 □鱗 비늘 □こまかい 작다, 잘다 □北海 홋카이도 〈北海道(ほっかいどう)의 줄임말〉 □お皿 접시 □臭いがする 냄새가 나다 □海岸 해안

あのお家のがらんと広いお台所で、夕方（ゆうがた）ひとり、白い女らしい手で、上手にお魚をお料理していた様子（ようす）も、はっきり浮かぶ。私は、あのとき、なぜかお姉さんに甘えたくて、たまらなく焦（こ）がれて、でもお姉さんには、あのころ、もう年（とし）ちゃんも生まれていて、お姉さんは、私のものではなかったのだから、それを思えば、ヒュウと冷いすきま風（かぜ）が感じられて、どうしても、姉さんの細い肩に抱（だ）きつくことができなくて、死ぬほど寂（さび）しい気持ちで、じっと、あのほの暗（ぐら）いお台所の隅（すみ）に立ったまま、気の遠くなるほどお姉さんの白くやさしく動く指先（ゆびさき）を見つめていたことも、思い出される。過ぎ去ったことは、みんな懐（なつ）かしい。肉親（にくしん）って、不思議なもの。他人（たにん）ならば、遠く離（はな）れるとしだいに淡（あわ）く、忘れてゆくものなのに、肉親は、なおさら、懐かしい美しいところばかり思い出されるのだから。

□がらんと 넓은 공간이 비어 있는 모양, 휑, 텅 □夕方 저녁 때 □浮かぶ 떠오르다 □甘える 어리광을 부리다 □焦がれる 연모하다, 몹시 동경하다, 간절히 소망하다 □ヒュウと 바람이 부는 소리, 휭, 쌩 □すきま風 문틈으로 들어오는 차가운 바람 □抱きつく 안기다 □ほの暗い 어둑어둑하다, 어슴푸레하다 □気が遠くなる 정신이 아찔해지다 □指先 손가락 끝 □懐かしい 그립다 □しだいに 점차 □淡い 옅다, 희미하다 □なおさら 더욱더, 더 한층

井戸端の茱萸(ぐみ)の実が、ほんのりあかく色づいている。もう二週間もしたら、たべられるようになるかも知れない。去年は、おかしかった。私が夕方ひとりで茱萸をとってたべていたら、ジャピイ黙って見ているので、可哀想で一つやった。そしたら、ジャピイ食べちゃった。また二つやったら、食べた。あんまり面白くて、この木をゆすぶって、ポタポタ落としたら、ジャピイ夢中になって食べはじめた。ばかなやつ。茱萸を食べる犬なんて、はじめてだ。私も背伸(せの)びしては、茱萸をとって食べている。ジャピイも下で食べている。おかしかった。そのこと、思い出したら、ジャピイを懐かしくて、

「ジャピイ！」と呼んだ。

□茱萸 수유나무 □実 열매 □ほんのり 희미하게 나타나는 모양, 희미하게, 어슴푸레하게 □色づく 색을 띠다 □する (시간, 횟수, 기간 등이) 지나다, 경과하다 □とる (손으로) 따다 □ゆすぶる(揺すぶる) 흔들다 □ポタポタ 툭툭, 똑똑 □落とす 떨어뜨리다 □~はじめる(始める) (동사 ます형에 연결되어) ~하기 시작하다 □やつ(奴) 녀석, 놈, 자식 〈사람 · 사물을 막되게 이르거나 아랫사람에게 친근감을 가지고 이를 때 씀〉 □背伸びする 발돋움하다

ジャピイは、玄関のほうから、気取(きど)って走って来た。急(きゅう)に、歯(は)ぎしりするほどジャピイを可愛くなっちゃって、シッポを強く掴(つか)むと、ジャピイは私の手を柔(やわら)かく噛(か)んだ。涙が出そうな気持ちになって、頭を打(ぶ)ってやる。ジャピイは、平気(へいき)で、井戸端の水を音をたてて呑(の)む。

お部屋へはいると、ぼっと電燈(でんとう)が、ともっている。しんとしている。お父さんいない。やっぱり、お父さんがいないと、家の中に、どこか大きい空席(くうせき)が、ポカンと残(のこ)ってあるような気がして、身悶(みもだ)えしたくなる。和服に着換(きか)え、脱(ぬ)ぎ捨(す)てた下着の薔薇にきれいなキスして、それから鏡台(きょうだい)のまえに座ったら、客間(きゃくま)のほうからお母さんたちの笑い声が、どっと起って、私は、なんだか、むかっとなった。お母さんは、私と二人きりのときはいいけれど、お客が来たときには、へんに私から遠くなって、冷くよそよそしく、私はそんな時に、いちばんお父さんが懐かしく悲しくなる。

□**気取る** 알아차리다, 눈치 채다　□**噛む** 씹다　□**頭を打つ** 머리를 때리다　□**呑む** 마시다 ＝飲む　□**ぼっと** 불이 갑자기 타오르는 모양, 활활, 환하게　□**ともる**(灯る) 등불이 켜지다　□**しんと** 아주 고요한 상태, 괴괴히 ＝しいんと　□**空席** 공석, 빈 자리　□**着換える** 옷을 갈아입다　□**脱ぎ捨てる** 벗어 버리다, 벗어 던지다　□**客間** 객실, 응접실　□**どっと** 갑자기, 확　□**むかっとなる** 화가 치밀어 오르다　□**よそよそしい** 서먹서먹하다, 어색하다

鏡(かがみ)を覗(のぞ)くと、私の顔は、おや、と思うほど活(い)き活(い)きしている。顔は、他人だ。私自身の悲しさや苦(くる)しさや、そんな心持とは、全然関係(ぜんぜんかんけい)なく、別個(べっこ)に自由に活(い)きている。きょうは頬紅(ほおべに)も、つけないのに、こんなに頬がぱっと赤くて、それに、唇も小さく赤く光って、可愛い。眼鏡をはずして、そっと笑ってみる。目が、とってもいい。青く青く、澄(す)んでいる。美しい夕空(ゆうぞら)を、ながいこと見つめたから、こんなにいい目になったのかしら。しめたものだ。

少し浮き浮きして台所へ行き、お米をといでいるうちに、また悲しくなってしまった。せんの小金井(こがねい)の家が懐かしい。胸が焼(や)けるほど恋(こい)しい。あの、いいお家には、お父さんもいらしったし、お姉さんもいた。お母さんだって、若かった。私が学校から帰って来ると、お母さんと、お姉さんと、何か面白そうに台所か、茶(ちゃ)の間(ま)で話をしている。おやつをもらって、

□活き活きする 생생하다, 활기차다 □別個に 별개로 □活きる 생활하다, 지내다, 생동하다, 생생하다, 생기를 띠다 □頬紅 볼연지 〈頬紅をつける 볼연지를 바르다〉 □ぱっと 순식간에 사방으로 퍼지는 모양, 좍, 확 □澄む (물이나 공기 등이) 맑고 깨끗하다 □夕空 저녁 하늘 □ながいこと 오랫동안 □しめた 됐어! 〈일이나 상황이 자기 뜻대로 되어 기쁠 때 하는 말〉 □お米をとぐ 쌀을 씻다 □せん 앞, 이전, 이전에 있던 것, 전 것 □胸が焼ける 가슴이 타 들어가다 □恋しい 그립다 □いらす 계시다 〈いらっしゃる의 회화체 표현으로, 주로 여성들이 일상생활에서 씀〉 □茶の間 거실, 응접실 □おやつ 간식

ひとしきり二人に甘(あま)えたり、お姉さんに喧嘩(けんか)ふっかけたり、それからきまって叱られて、外へ飛び出して遠くへ遠くへ自転車乗り。夕方には帰って来て、それから楽しく御飯だ。本当に楽しかった。自分を見詰(みつ)めたり、不潔(ふけつ)にぎくしゃくすることも無く、ただ、甘えていればよかったのだ。なんという大きい特権(とっけん)を私は享受(きょうじゅ)していたことだろう。しかも平気で。心配もなく、寂しさもなく、苦しみもなかった。お父さんは、立派なよいお父さんだった。お姉さんは、優(やさ)しく、私は、いつもお姉さんにぶらさがってばかりいた。けれども、すこしずつ大きくなるにつれて、だいいち私が自身いやらしくなって、私の特権はいつの間にか消失(しょうしつ)して、あかはだか、醜(みにく)い醜い。ちっとも、ひとに甘えることができなくなって、考えこんでばかりいて、くるしいことばかり多くなった。

□喧嘩(を)ふっかける 싸움을 걸다 □きまって 의례, 항상, 늘 □飛び出す 뛰쳐나가다 □見詰める 응시하다, 주시하다, 뚫어지게 보다 □ぎくしゃくする (동작 등이) 어색하다, 거북하다, (일의 진행이) 순조롭지 않다 □特権 특권 □享受する 누리다 □苦しみ 고통, 괴로움 □いつの間にか 어느 사이엔가 □消失する 잃다, 소실하다 □あかはだか(赤裸) 벌거숭이 □考えこむ 깊이 생각하다, 골똘히 생각하다

お姉さんは、お嫁にいってしまったし、お父さんは、もういない。たったお母さんと私だけになってしまった。お母さんもお淋(さび)しいことばかりなのだろう。こないだもお母さんは、「もうこれからさきは、生きる楽(たの)しみがなくなってしまった。あなたを見たって、私は、ほんとうは、あまり楽しみを感じない。ゆるしておくれ。幸福(こうふく)も、お父さんがいらっしゃらなければ、来ないほうがよい。」とおっしゃった。蚊(か)が出て来ると、ふとお父さんを思い出し、ほどきものをすると、お父さんを思い出し、爪(つめ)を切るときにもお父さんを思い出し、お茶がおいしいときにも、きっとお父さんを思い出すそうである。私が、どんなにお母さんの気持ちをいたわって、話し相手になってあげても、やっぱりお父さんとは違うのだ。夫婦(ふうふ)愛(あい)というものは、この世の中でいちばん強いもので、肉親の愛よりも、尊(とうと)いものにちがいない。生意気(なまいき)なこと考えたので、

□こないだ 요전, 얼마 전〈この間(あいだ)의 회화체 줄임말〉 □～たって ~해도, ~한다고 해도 □ゆるす(許す) 허락하다, 용서하다 □～ておくれ ~해 다오, ~해 주렴 □蚊 모기 □ほどきものをする 옷 솔기를 뜯다 □爪を切る 손톱을 자르다 □話し相手 이야기 상대, 말벗 □夫婦愛 부부애 □尊い 귀중하다, 소중하다, 존귀하다, 고귀하다

ひとりで顔があかくなって来て、私は、濡(ぬ)れた手で髪をかきあげる。しゅっしゅっとお米をとぎながら、私は、お母さんが可愛く、いじらしくなって、大事(だいじ)にしようと、しんから思う。こんなウェーヴかけた髪なんか、さっそく解(と)きほぐしてしまって、そうして髪の毛をもっと長く伸ばそう。お母さんは、せんから、私の髪の短いのを厭(いや)がっていらしたから、うんと伸ばして、きちんと結(ゆ)って見せたら、よろこぶだろう。けれども、そんなことまでして、お母さんを、いたわるのも厭だな。いやらしい。考えてみると、このごろの、私のいらいらは、ずいぶんお母さんと関係がある。お母さんの気持ちに、ぴったり添(そ)ったいい娘でありたいし、それだからとて、へんに御機嫌(ごきげん)とるのもいやなのだ。だまっていても、お母さん、私の気持ちをちゃんとわかって安心していらしったら、一番いいのだ。

□顔があかくなる (창피하여) 얼굴이 빨개지다 □濡れる 젖다 □髪をかきあげる 머리를 쓸어 올리다 □しゅっしゅっと 싹싹, 박박 □いじらしい 애처롭다, 안쓰럽다, 불쌍하다 □しんから 진심으로 □ウェーヴ(を)かける 파마를 하다 □解きほぐす 풀다, 풀어내다 〈본문에서는 파마머리를 생머리로 되돌리는 것을 말함〉 □せんから 이전부터 □きちんと 제대로, 단정하게, 깔끔하게 □結う 매다, 묶다, 머리를 묶다 □いらいら 안절부절 못함, 초조해 함 □ぴったり 딱 맞음 □添う 따르다 □御機嫌(を)とる 비위를 맞추다, 기분을 맞추다

私は、どんなに、わがままでも、決して世間(せけん)の物笑(ものわら)いになるようなことはしないのだし、つらくても、淋しくっても、だいじのところは、きちんと守って、そうしてお母さんと、この家とを、愛して愛して、愛しているのだから、お母さんも、私を絶対に信じて、ぼんやりのんきにしていらしったら、それでいいのだ。私は、きっと立派にやる。身(み)を粉(こ)にしてつとめる。それがいまの私にとっても、いちばん大きいよろこびなんだし、生きる道だと思っているのに、お母さんたら、ちっとも私を信頼(しんらい)しないで、まだまだ、子供あつかいにしている。私が子供っぽいこと言うと、お母さんはよろこんで、こないだも、私が、ばからしい、わざとウクレレ持ち出して、ポンポンやってはしゃいで見せたら、お母さんは、しんから嬉(うれ)しそうにして、

□**わがまま** 내 마음대로임, 제멋대로임, 버릇없음 □**世間** 세간, 세상 □**物笑いになる** 비웃음거리가 되다 □**身を粉にする** 분골쇄신하다 □**~にとっても** ~에게 있어서도 □**~たら** ~도 참, ~(은) 말야 〈가벼운 경멸 · 비난 또는 친밀감을 담아 남을 화제에 올릴 때 씀〉 □**子供あつかい**(扱い) 어린애 취급 □**子供っぽい** 어린애 같다, 유치하다 □**ばからしい** 터무니없다, 시시하다, 바보스럽다 □**ウクレレ** 우쿨렐레 〈기타와 비슷한 작은 하와이 현악기로, 네 개의 줄을 손가락으로 퉁겨 연주하며 주로 노래 반주에 씀〉 □**持ち出す** 가지고 오다, 꺼내 오다 □**ポンポン** 연달아 치는 모양, 탕탕, 둥둥, 통통

「おや、雨かな？ 雨だれの音が聞えるね。」と、とぼけて言って、私をからかって、私が、本気でウクレレなんかに熱中しているとでも思っているらしい様子なので、私は、あさましくて、泣きたくなった。お母さん、私は、もう大人なのですよ。世の中のこと、なんでも、もう知っているのですよ。安心して、私になんでも相談して下さい。うちの経済のことなんかでも、私に全部打ち明けて、こんな状態だから、おまえもと言って下さったなら、私は決して、靴なんかねだりはしません。しっかりした、つましい、つましい娘になります。ほんとうに、それは、たしかなのです。それなのに。ああ、それなのに、という歌があったのを思い出して、ひとりでくすくす笑ってしまった。気がつくと、私はぼんやりお鍋に両手を突っ込んだままで、ばかみたいに、あれこれ考えていたのである。

□雨だれ 빗방울　□とぼける 시치미를 떼다, 딴청 부리다, 익살 부리다　□からかう 놀리다　□相談する 상담하다　□経済 경제　□打ち明ける (비밀이나 속마음 등을) 털어놓다　□ねだり (상대방에게 뭔가를 해 달라고) 조름　□しっかりした 야무진, 똑똑한, 착실히, 열심히　□つましい 검소하다, 알뜰하다　□お鍋 냄비　□突っ込む 찔러 넣다, 담그다

いけない、いけない。お客様へ、早く夕食(ゆうしょく)差(さ)し上(あ)げなければ。さっきの大きいお魚は、どうするのだろう。とにかく三枚におろして、お味噌(みそ)につけて置くことにしよう。そうして食べると、きっとおいしい。料理は、すべて、勘(かん)で行かなければいけない。キウリが少し残っているから、あれでもって、三杯酢(さんばいず)。それから、私の自慢(じまん)の卵焼(たまごや)き。それから、もう一品(いっぴん)。あ、そうだ。ロココ料理にしよう。これは、私の考案(こうあん)したものでございまして。お皿ひとつひとつに、それぞれ、ハムや卵や、パセリや、キャベツ、ほうれんそう、お台所に残ってあるもの一切合切(いっさいがっさい)、いろとりどりに、美しく配合(はいごう)させて、手際(てぎわ)よく並べて出すのであって、手数(てすう)は要(い)らず、経済だし、ちっとも、おいしくはないけれども、でも食卓(しょくたく)は、ずいぶん賑(にぎ)やかに華麗(かれい)になって、何だか、たいへん贅沢(ぜいたく)な御馳走(ごちそう)のように見えるのだ。

□差し上げる 드리다 □とにかく 어쨌든, 여하튼 □三枚におろす 생선을 다듬다 〈三枚는 생선 몸통 두 조각과 뼈, 이 세 부분을 말함〉 □つける(漬ける) 담그다, 절임을 만들다 □勘 감, 직감력 □三杯酢 식초 · 간장 · 맛술을 같은 비율로 넣은 것 □自慢 자랑 □卵焼き 계란프라이 □一品 일품, 한 품목 □考案する 고안하다 □パセリ 파슬리 □キャベツ 양배추 □ほうれんそう 시금치 □一切合切 모조리, 전부 다 □いろとりどりに 가지각색으로 □配合する 배합하다 □手際 솜씨 □手数 수고 〈お手数をかけてすみません 수고스럽게 해서 죄송합니다〉 □食卓 식탁 □華麗 화려(함) □贅沢 사치, 사치스러움, 분에 넘침

卵のかげにパセリの青草(あおくさ)、その傍(そば)に、ハムの赤い珊瑚礁(さんごしょう)がちらと顔を出していて、キャベツの黄色(きいろ)い葉(は)は、牡丹(ぼたん)の花瓣(かべん)のように、鳥の羽の扇子(せんす)のようにお皿に敷(し)かれて、緑(みどり)したたるほうれんそうは、牧場(ぼくじょう)か湖水(こすい)か。こんなお皿が、二つも三つも並べられて食卓に出されると、お客様はゆくりなく、ルイ王朝(おうちょう)を思い出す。まさか、それほどでもないけれど、どうせ私は、おいしい御馳走なんて作れないのだから、せめて、ていさいだけでも美しくして、お客様を眩惑(げんわく)させて、ごまかしてしまうのだ。料理は、見かけが第一である。たいてい、それで、ごまかせます。けれども、このロココ料理には、よほど絵心(えごころ)が必要(ひつよう)だ。色彩(しきさい)の配合について、人一倍(ひといちばい)、敏感(びんかん)でなければ、失敗する。せめて私くらいのデリカシイが無ければね。

□かげ(影) 뒤　□青草 푸른풀　□珊瑚礁 산호초　□ちらと 흘끗, 잠깐, 언뜻 ＝ちらっと　□牡丹 모란　□花瓣 꽃잎　□鳥の羽 (새의) 깃털, 날개　□扇子 접부채　□敷く 깔다　□したたる 방울져 떨어지다, (싱싱함이) 넘쳐흐르다　□牧場 목장　□湖水 호수　□ゆくりなく 뜻하지 않게, 뜻밖에, 우연히　□ルイ王朝 루이 왕조　□まさか 설마　□どうせ 어차피　□せめて 적어도, 최소한　□ていさい(体裁) 겉모양, 체면, 형식　□眩惑する 현혹하다　□見かけ 겉보기, 외관　□たいてい 대개, 대체로　□よほど 상당히, 꽤　□絵心 그림 그리는 소질　□色彩 색채　□人一倍 남보다 갑절, 남보다 훨씬 더　□敏感だ 민감하다　□デリカシイ 섬세함 ＝デリカシー

ロココという言葉を、こないだ辞典(じてん)でしらべてみたら、華麗のみにて内容空疎(ないようくうそ)の装飾様式(そうしょくようしき)、と定義(ていぎ)されていたので、笑っちゃった。名答(めいとう)である。美しさに、内容なんてあってたまるものか。純粋(じゅんすい)の美しさは、いつも無意味で、無道徳(むどうとく)だ。きまっている。だから、私は、ロココが好きだ。

いつもそうだが、私はお料理して、あれこれ味をみているうちに、なんだかひどい虚無(きょむ)にやられる。死にそうに疲れて、陰鬱(いんうつ)になる。あらゆる努力(どりょく)の飽和状態(ほうわじょうたい)におちいるのである。もう、もう、なんでも、どうでも、よくなって来る。ついには、ええっ！ と、やけくそになって、味(あじ)でも体裁(ていさい)でも、めちゃめちゃに、投(な)げとばして、ばたばたやってしまって、じつに不機嫌な顔して、お客に差(さ)し出(だ)す。

□しらべる 조사하다, 찾아보다 □～にて ~이며, ~으로서 □内容空疎 내용이 빈약함 □装飾様式 장식양식 □定義する 정의하다 □名答 명답 ■～ものか ~할까 보냐, ~할 것 같으냐, ~하지 않겠다 〈お前の言うことなんか聞くもんか 네 말 같은 거 들을까 보냐〉 □純粋 순수 □味をみる 맛을 보다 □虚無 허무 □陰鬱 음울, 우울 □飽和状態 포화상태 □おちいる 빠지다 □ついには 마침내는 □やけくそになる 자포자기하다 □めちゃめちゃに 엉망진창으로, 형편없이 ＝めちゃくちゃに □投げとばす 세차게 내던지다 □ばたばた 대강대강, 대충대충, 척척 □不機嫌 기분이 언짢음 □差し出す 내밀다

　きょうのお客様は、ことにも憂鬱(ゆううつ)。大森(おおもり)の今井田(いまいだ)さん御夫婦に、ことし七つの良夫さん。今井田さんは、もう四十ちかいのに、好男子(こうだんし)みたいに色が白くて、いやらしい。なぜ、敷島(しきしま)なぞを吸(す)うのだろう。両切(りょうぎ)りの煙草(たばこ)でないと、なんだか、不潔な感じがする。煙草は、両切りに限る。敷島なぞを吸っていると、そのひとの人格(じんかく)までが、疑(うたが)わしくなるのだ。いちいち天井(てんじょう)を向(む)いて煙(けむり)を吐(は)いて、はあ、はあ、なるほど、なんて言っている。いまは、夜学(やがく)の先生をしているそうだ。奥さんは、小さくて、おどおどして、そして下品(げひん)だ。つまらないことにでも、顔を畳(たたみ)にくっつけるようにして、からだをくねらせて、笑いむせぶのだ。おかしいことなんてあるものか。

□ことにも 특히　□好男子 호남　□敷島 옛날 일본 담배 상품 중의 하나　□両切り 필터가 없는 담배 〈両切りたばこ의 줄임말〉 ■ ～に限る (명사에 붙어) ~이 최고다, ~이 제일이다 〈日本語に関(かん)しては、彼女に限ります 일본어에 관해서는 그녀가 최고입니다〉 □人格 인격　□疑わしい 의심스럽다 □いちいち 일일이, 하나하나　□天井 천장　□煙を吐く 연기를 내뿜다　□おどおどする 두려움·불안감 등으로 태도가 침착하지 못한 모양, 주저주저, 흠칫흠칫, 주뼛주뼛　□からだをくねらせる 몸을 비비 꼬다　□笑いむせぶ 너무 웃어서 목이 메다, 목이 멜 정도로 자지러지게 웃다

そうしておおげさに笑(わら)い伏(ふ)すのが、何か上品なことだろうと、思いちがいしているのだ。いまのこの世の中で、こんな階級(かいきゅう)の人たちが、いちばん悪いのではないかしら。いちばん汚い。プチ・ブルというのかしら。小役人(こやくにん)というのかしら。子供なんかも、へんにこましゃくれて、素直な元気なところが、ちっともない。そう思っていながらも、私はそんな気持ちを、みんな抑(おさ)えて、お辞儀(じぎ)をしたり、笑ったり、話したり、良夫(よしお)さんを可愛い可愛いと言って頭を撫でてやったり、まるで嘘ついて皆をだましているのだから、今井田御夫婦なんかでも、まだまだ、私よりは清純かも知れない。みなさん私のロココ料理をたべて、私の腕前(うでまえ)をほめてくれて、私はわびしいやら、腹立(はらだ)たしいやら、泣きたい気持ちなのだけれど、それでも、

□笑い伏す 포복절도하다 □思いちがいする 오해하다, 착각하다 □階級 계급 □プチ・ブル 소시민, 중산 계급 〈프랑스어 プチ・ブルジョア(petit bourgeois)의 줄임말〉 □小役人 하급 관리, 말단 벼슬아치 □こましゃくれる 아이가 되바라지다 □抑える 억누르다 □お辞儀をする 절을 하다 □だます(騙す) 속이다 □清純 청순(함) □腕前 솜씨, 기량, 수완 □わびしい(侘しい) 쓸쓸하다 □～やら ~와, ~하며 〈병렬・열거를 나타냄〉 □腹立たしい 화가 나다, 괘씸하다

努(つと)めて、嬉(うれ)しそうな顔をして見せて、やがて私も御相伴(ごしょうばん)して一緒(いっしょ)にごはんを食べたのであるが、今井田さんの奥さんの、しつこい無智(むち)なお世辞(せじ)には、さすがにむかむかして、よし、もう嘘は、つくまいときっとなって、

「こんなお料理、ちっともおいしくございません。なんにもないので、私の窮余(きゅうよ)の一策(いっさく)なんですよ。」と、私は、ありのまま事実(じじつ)を、言ったつもりなのに、今井田さん御夫婦は、窮余の一策とは、うまいことをおっしゃる、と手を打たんばかりに笑い興(きょう)じるのである。私は、口惜(くや)しくて、お箸(はし)とお茶碗(ちゃわん)ほおり出して、大声(おおごえ)あげて泣こうかしらと思った。じっとこらえて、無理に、にやにや笑って見せたら、お母さんまでが、

□ **やがて** 결국, 마침내 □ **御相伴** 주빈의 상대로 함께 대접을 받음 또는 그 사람 〈ご 대신 お를 붙여 쓰는 경우가 많음〉 □ **しつこい** 끈질기다 □ **無智** 무지(함), 무식(함) □ **お世辞** 아첨 □ **むかむかする** 메슥메슥하다, 화가 울컥 치밀다 ■ **~まい** (1그룹동사의 기본형, 2그룹동사의 어간에 붙어 부정 추측과 의지를 나타냄. 단, する→するまい・すまい, 来る→くるまい・こまい가 됨) ~(하)지 않을 것이다, ~(하지) 않겠지 〈もう二度と休日に遊園地(ゆうえんち)とかには行くまい 두번 다시 휴일에 유원지 같은 곳에는 가지 않을 것이다〉 □ **きっとなる** (표정이) 굳어지다, 험해지다 □ **窮余の一策** 궁여지책 □ **ありのまま** 있는 그대로 □ **~たつもり** ~한 셈임 □ **うまいことをいう** 말을 잘하다 □ **手を打つ** 박수 치다, 손뼉을 치다 ■ **~んばかりに** (동사 ない형에 붙어) 곧 ~할 듯이, 마치 ~하는 듯이 〈すぐにでも泣(な)かんばかりに頼(たの)んで、お金を貸(か)してあげた 금방이라도 울 것처럼 부탁해서 돈을 빌려주었다〉 □ **笑い興じる** 흥이 나서 웃다 □ **口惜しい** 원통하다, 분하다 □ **お箸** 젓가락 □ **お茶碗** 밥그릇 □ **ほおり出す** 밖으로 내던지다, 내팽개치다 =ほうり出す □ **大声あげる** 큰소리를 내다 □ **こらえる**(堪える) 참다, 견디다, 억누르다

「この子も、だんだん役(やく)に立(た)つようになりましたよ。」と、お母さん、私のかなしい気持ち、ちゃんとわかっていらっしゃる癖(くせ)に、今井田さんの気持ちを迎(むか)えるために、そんなくだらないことを言って、ほほと笑った。お母さん、そんなにまでして、こんな今井田なんかの御機嫌とることは、ないんだ。お客さんと対(たい)しているときのお母さんは、お母さんじゃない。ただの弱い女だ。お父さんが、いなくなったからって、こんなにも卑屈(ひくつ)になるものか。情なくなって、何も言えなくなっちゃった。帰って下さい、帰って下さい。私の父は、立派なお方だ。やさしくて、そうして人格が高いんだ。お父さんがいないからって、そんなに私たちをばかにするんだったら、

□役に立つ 쓸모가 있다, 도움이 된다 □気持ちを迎える 기분을 맞추다 □～ことはない (동사 기본형 뒤에 붙어) ~할 필요는 없다 □～と対する ~와 대하다 ■～からって (동사 기본형 · た형, い형용사 · な형용사 기본형에 붙어) ~라고 해서 〈外がさむいからって、部屋に閉(と)じこもっているわけにはいかない 바깥이 춥다고 해서, 방에 틀어박혀 있을 수는 없다〉 □ばかにする 무시하다, 깔보다, 업신여기다

いますぐ帰って下さい。よっぽど今井田に、そう言ってやろうと思った。それでも私は、やっぱり弱くて、良夫さんにハムを切ってあげたり、奥さんにお漬物(つけもの)とってあげたり奉仕(ほうし)をするのだ。

ごはんがすんでから、私はすぐに台所へひっこんで、あと片附(かたづ)けをはじめた。早く独(ひと)りになりたかったのだ。何も、お高くとまっているのではないけれども、あんな人たちとこれ以上、無理に話を合(あわ)せてみたり、一緒に笑ってみたりする必要もないように思われる。あんな者にも、礼儀(れいぎ)を、いやいや、へつらいを致(いた)す必要なんて絶対にない。いやだ。もう、これ以上は厭(いや)だ。私は、つとめられるだけは、つとめたのだ。

□よっぽど 상당히, 꽤 〈よほど의 힘줌말〉 □~(よ)うと思う ~하려고 (생각)하다 □お漬物 배추, 무, 오이, 가지 등의 채소를 소금이나 겨에 절인 일본식 김치 □とる 집다, 잡다 □奉仕 봉사 □ごはんがすむ(済む) 식사가 끝나다 □~てから ~하고 나서, ~한 후에 □ひっこむ 물러나다, 틀어박히다 □あと片附け 뒷정리, 설거지 □独り 혼자 □お高くとまる 도도하게 굴다, 우쭐대다, 거들먹거리다 □話を合せる 얘기를 맞추다 □~(よ)うに思われる ~한 것처럼 생각되다 □者 자, 사람 □礼儀 예의, 예절 □へつらい 알랑방귀

お母さんだって、きょうの私のがまんして愛想(あいそ)よくしている態度(たいど)を、嬉しそうに見ていたじゃないか。あれだけでも、よかったんだろうか。強く、世間(せけん)のつきあいは、つきあい、自分は自分と、はっきり区別(くべつ)して置いて、ちゃんちゃん気持ちよく物事(ものごと)に対応(たいおう)して処理(しょり)して行くほうがいいのか、または、人に悪く言われても、いつでも自分を失(うしな)わず、韜晦(とうかい)しないで行くほうがいいのか、どっちがいいのか、わからない。一生、自分と同じくらい弱いやさしい温(あたた)かい人たちの中でだけ生活して行ける身分(みぶん)の人は、うらやましい。苦労(くろう)なんて、苦労せずに一生すませるんだったら、わざわざ求(もと)めて苦労する必要なんて無いんだ。そのほうが、いいんだ。

□**がまん**(我慢)**する** 참다, 견디다 □**愛想** 붙임성 □**態度** 태도 □**世間** 세상, 세상 사람 □**つきあい**(付き合い) 교제, 사귐 □**ちゃんちゃん** 일을 순서 있게 잘 진행시키는 모양, 척척, 착착 □**物事** 일, 상황 □**対応する** 대응하다 □**悪く言われる** 욕을 먹다 □**失う** 잃다 □**韜晦する** (자신의 재능, 지위, 본심 등을) 감추다 □**～と同じくらい** ~와 마찬가지로 □**身分** 신분 □**うらやましい**(羨ましい) 부럽다 □**わざわざ** 일부러, 고의로 □**求めて** 사서, 자진해서, 굳이

自分の気持ちを殺(ころ)して、人につとめることは、きっといいことに違いないんだけれど、これからさき、毎日、今井田御夫婦みたいな人たちに無理に笑いかけたり、相槌(あいづち)うたなければならないのだったら、私は、気ちがいになるかも知れない。自分なんて、とても監獄(かんごく)に入れないな、とおかしいことを、ふと思う。監獄どころか、女中(じょちゅう)さんにもなれない。奥さんにもなれない。いや、奥さんの場合は、ちがうんだ。この人のために一生(いっしょう)つくすのだ、とちゃんと覚悟(かくご)がきまったら、どんなに苦(くる)しくとも、真っ黒になって働いて、そうして充分(じゅうぶん)に生(い)き甲斐(がい)があるのだから、希望(きぼう)があるのだから、私だって、立派にやれる。あたりまえのことだ。朝から晩まで、くるくるコマ鼠(ねずみ)のように働いてあげる。じゃんじゃんお洗濯(せんたく)をする。たくさん汚(よご)れ物(もの)がたまった時ほど、不愉快(ふゆかい)なことがない。いらいらして、ヒステリイになったみたいに落(お)ちつかない。

□ 気持ちを殺す 마음을 억누르다 □ 笑いかける 웃음을 던지다 □ 相槌(を)うつ 맞장구를 치다 □ 気ちがいになる 미치다 □ 監獄 감옥 ■ ～どころか (동사 · い형용사 기본형, な형용사な, 명사에 붙어) ~은커녕, ~은 말할 것도 없이 〈息子は勉強どころか、運動も好きではない 아들은 공부는커녕 운동도 좋아하지 않는다〉 □ 女中さん 식모, 가정부 〈현재는 쓰이지 않음〉 □ つくす(尽くす) (정성을) 다하다, 진력하다 □ 覚悟 각오 □ 充分に 충분히 =十分に □ 生き甲斐 사는 보람 □ あたりまえ 당연함, 지극함 □ くるくる 빙글빙글 □ コマ鼠のように 생쥐처럼 바지런히 □ じゃんじゃん 일이 계속 진행되는 모양, 계속해서, 척척, 마구, 쉴 새 없이 □ 汚れ物 빨랫감 □ たまる 쌓이다 □ 不愉快 불쾌(함) □ ヒステリイ 히스테리 =ヒステリー

死んでも死にきれない思いがする。よごれものを、全部、一つものこさず洗ってしまって、物干竿(ものほしざお)にかけるときは、私は、もうこれで、いつ死んでもいいと思うのである。

今井田さん、おかえりになる。何やら用事(ようじ)があるとかで、お母さんを連(つ)れて出掛(でか)けてしまう。はいはい附(つ)いて行くお母さんもお母さんだし、今井田が何かとお母さんを利用(りよう)するのは、こんどだけではないけれど、今井田御夫婦のあつかましさが、厭で厭で、ぶんなぐりたい気持ちがする。門(もん)のところまで、皆さんをお送(おく)りして、ひとりぼんやり夕闇(ゆうやみ)の路(みち)を眺(なが)めていたら、泣いてみたくなってしまう。

郵便函(ゆうびんばこ)には、夕刊(ゆうかん)と、お手紙二通(につう)。一通はお母さんへ、松坂屋(まつざかや)から夏物(なつもの)売(う)り出(だ)しのご案内(あんない)。一通は、私へ、いとこの順二(じゅんじ)さんから。こんど前橋(まえばし)の連隊(れんたい)へ転任(てんにん)することになりました。

■ ～きれない (동사 ます형에 붙어) 끝까지 ~할 수 없다, 다 ~할 수 없다 〈このケーキは大きくて一人では食べきれない 이 케이크는 커서 혼자서는 다 먹을 수 없다〉 □思いがする 생각이 들다 □物干竿にかける 빨랫줄에 널다 □連れる 데리고 가다, 데리고 오다 □附いて行く 따라가다 □何かと 이것저것, 여러 가지로 □あつかましさ(厚かましさ) 뻔뻔함 □ぶんなぐる(ぶん殴る) 두들겨 패다, 마구 때리다 □送る 배웅하다 □夕闇 땅거미 □郵便函 우편함 □夕刊 석간 □～通 ~통 〈편지 · 엽서 등을 셀 때 쓰는 조수사〉 □夏物 여름용품 □売り出し 특매, 발매, 바겐세일 □いとこ 사촌 □連隊 연대 □転任する 전임하다 ■ ～ことになる (동사 기본형에 붙어 자기 의지와 상관없이 어떤 일이 결정됨을 나타냄) ~하기로 되다, ~하게 되다 〈来月からは3組(くみ)を担当(たんとう)することになった 다음달부터 3반을 담당하게 되었다〉

お母さんによろしく、と簡単(かんたん)な通知(つうち)である。将校(しょうこう)さんだって、そんなに素晴(すば)らしい生活内容などは、期待(きたい)できないけれど、でも、毎日毎日、厳酷(げんこく)に無駄(むだ)なく起居(ききょ)するその規律(きりつ)がうらやましい。いつも身(み)が、ちゃんちゃんと決(きま)っているのだから、気持ちの上から楽(らく)なことだろうと思う。私みたいに、何もしたくなければ、いっそ何もしなくてすむのだし、どんな悪いことでもできる状態に置かれているのだし、また、勉強しようと思えば、無限(むげん)といっていいくらいに勉強の時間があるのだし、慾(よく)を言ったら、よほどの望(のぞ)みでもかなえてもらえるような気がするし、ここからここまでという努力(どりょく)の限(げん)

□～によろしく ~에게 안부 전해 주세요 <뒤에 伝(つた)えてください · お伝(つた)えくださいが 생략 되었음> □通知 통지 □将校 장교 □厳酷 가혹(함) □起居する 기거하다 □規律 규율 □身 자신, 몸, 신체 □慾を言ったら 욕심을 부린다면 □望み 소망, 바람 □かなえる 이루어지게 하다 □与える 주다, 부여하다 □限界 한계

界(かい)を与(あた)えられたら、どんなに気持ちが助(たす)かるかわからない。うんと固くしばってくれると、かえってありがたいのだ。戦(せん)地(ち)で働いている兵隊さんたちの欲望は、たった一つ、それはぐっすり眠(ねむ)りたい欲望だけだ、と何かの本に書かれてあったけれど、その兵隊さんの苦労(くろう)をお気(き)の毒(どく)に思う半面(はんめん)、私は、ずいぶんうらやましく思った。いやらしい、煩瑣(はんさ)な堂々(どうどう)めぐりの、根(ね)も葉(は)もない思案(しあん)の洪水(こうずい)から、きれいに別(わか)れて、ただ眠りたい眠りたいと渇望(かつぼう)している状態は、じつに清潔で、単(たん)純(じゅん)で、思うさえ爽快(そうかい)を覚えるのだ。私など、これはいちど、軍隊生活でもして、さんざ鍛(きた)われたら、少しは、はっきりした美しい娘になれるかも知れない。軍隊生活しなくても、新(しん)ちゃんみたいに、素直な人だってあるのに、私は、よくよく、

□しばる 묶다 □かえって 오히려 □戦地 전쟁터 □欲望 욕망 □ぐっすり 푹, 쿨쿨 □気の毒だ 불쌍하다, 가엾다 □～半面 ~하는 반면 □煩瑣 번잡(함) □堂々めぐり 토론·논쟁·사고 등이 겉돌기만 할 뿐 진전이 없음 □根も葉もない 아무 근거도 없다 □思案 사안 □洪水 홍수 □渇望する 갈망하다 □爽快 상쾌 □さんざ 마음껏, 실컷, 호되게 〈さんざん의 준말〉 □鍛う 단련하다, 훈련하다 ＝鍛える □よくよく 몹시, 더할 나위 없이

いけない女だ。わるい子だ。新ちゃんは、順二さんの弟で、私とは同じとしなんだけれど、どうしてあんなに、いい子なんだろう。私は、親類中(しんるいじゅう)で、いや、世界中(せかいじゅう)で、いちばん新(しん)ちゃんを好きだ。新ちゃん、目が見えないんだ。わかいのに、失明(しつめい)するなんて、なんということだろう。こんな静かな晩は、お部屋にお一人でいらして、どんな気持ちだろう。私たちなら、侘(わ)びしくても、本を読んだり、景色(けしき)を眺めたりして、幾分(いくぶん)それをまぎらかすことが出来るけれど、新ちゃんには、それができないんだ。ただ、黙っているだけなんだ。これまで人一倍、がんばって勉強して、それからテニスも、水泳(すいえい)もお上手だったのだもの、いまの寂(さび)しさ、苦しさはどんなだろう。

□**失明する** 실명하다　□**景色を眺める** 경치를 바라보다　□**幾分** 얼마간, 약간, 다소　□**まぎらかす**(紛らかす) (다른 것에 마음이 쏠리게 하여) 잠시 잊다, (다른 것으로) 마음을 달래다, 얼버무리다

ゆうべも新ちゃんのことを思って、床(とこ)にはいってから五分間、目をつぶってみた。床にはいって目をつぶっているのでさえ、五分間は長く、胸苦(むなぐる)しく感じられるのに、新ちゃんは、朝も昼も夜も、幾日(いくにち)も幾月(いくつき)も、何も見ていないのだ。不平(ふへい)を言ったり、癇癪(かんしゃく)を起したり、わがまま言ったりして下されば、私もうれしいのだけれど、新ちゃんは、何も言わない。新ちゃんが不平や人の悪口(わるくち)言ったのを聞いたことがない。その上いつも明るい言葉遣(づか)い、無心の顔つきをしているのだ。それがなおさら、私の胸に、ピンと来てしまう。

□**〜のこと** 앞에 오는 것을 뜻하는 말로, 굳이 해석하지 않는 것이 더 자연스러움 □**床に入る** 잠자리에 들다 □**目をつぶる** 눈을 감다 □**胸苦しい** 가슴이 답답하다 □**幾日** 며칠 □**幾月** 몇 달 □**不平を言う** 불평하다 □**癇癪を起す** 짜증을 내다 □**わがまま言う** 남의 생각은 하지 않고 제멋대로 행동하다, 버릇없이 굴다 ■**〜たことがない** (동사 た형에 붙어 과거의 경험을 나타냄) ~한 적이 없다 〈今まで飛行機(ひこうき)に乗ったことがない 지금까지 비행기를 타 본 적이 없다〉 □**無心** 사심이 없음, 순진함 □**ピンと来る** (직감적으로) 척 알다, 딱 알다

あれこれ考えながらお座敷(ざしき)を掃(は)いて、それから、お風呂をわかす。お風呂番(ばん)をしながら、蜜柑箱(みかんばこ)に腰かけ、ちろちろ燃(も)える石炭(せきたん)の灯(ひ)をたよりに学校の宿題を全部すましてしまう。それでも、まだお風呂がわかないので、濹東綺譚(ぼくとうきたん)*を読(よ)み返(かえ)してみる。書かれてある事実は、決(けっ)して厭な、汚いものではないのだ。けれども、ところどころ作者(さくしゃ)の気取りが目について、それがなんだか、やっぱり古い、たよりなさを感じさせるのだ。お年寄りのせいであろうか。でも、外国(がいこく)の作家(さっか)は、いくらとしとっても、もっと大胆(だいたん)に甘く、対象(たいしょう)を愛している。

□お座敷 방 〈본문에서는 객실을 가리킴〉 □掃く (비로) 쓸다 □お風呂をわかす 목욕물을 데우다 □お風呂番 목욕물 당번 □蜜柑箱 귤 상자 □ちろちろ 작은 불꽃이 타오르는 모양, 홀홀 □燃える (불에) 타다 □石炭 석탄 □灯 등, 불 □~をたよりに ~을 의지하여 □お風呂がわく 목욕물이 끓다, 데워지다 □読み返す 다시 읽다 □気取り 잘난 척함, 거드름을 피움, 허세를 부림 □目につく 눈에 띄다 □たよりなさ(頼りなさ) 미덥지 못함 □いくら~ても 아무리 ~해도 □とし(を)とる(年を取る) 나이를 먹다, 나이가 들다 □大胆に 대담하게 □対象 대상

* **濹東綺譚** 永井荷風(ながいかふう, 1879~1959)의 소설로, 1936년 집필되어 1937년 자비 출판된 것이 같은 해 東京朝日新聞에 연재되었다. 소설가와 창부의 만남을 계절의 변화에 따라 애절하게 그린 작품으로 1992년 영화화되기도 했다.

そうして、かえって厭味(いやみ)が無い。けれども、この作品(さくひん)は、日本では、いいほうの部類(ぶるい)なのではあるまいか。わりに嘘のない、静かな諦(あきら)めが、作品の底に感じられてすがすがしい。この作者のものの中でも、これがいちばん枯(か)れていて、私は好きだ。この作者は、とっても責任感(せきにんかん)の強いひとのような気がする。日本の道徳に、とてもとても、こだわっているので、かえって反撥(はんぱつ)して、へんにどぎつくなっている作品が多かったような気がする。愛情(あいじょう)の深すぎる人にありがちな偽悪趣味(ぎあくしゅみ)。わざと、あくどい鬼(おに)の面(めん)をかぶって、それでかえって作品を弱くしている。けれども、この濹東綺譚には、寂しさのある動かない強さがある。私は、好きだ。

□厭味 불쾌감, 혐오감 □部類 부류 □～ではあるまいか ~이지 않은가 □わりに 비교적 □諦め 포기, 체념 □底 밑바탕 □すがすがしい(清々しい) 상쾌하다 □枯れる 원숙하여 은근한 멋을 풍기다 □こだわる 구애받다 □反撥する 반발하다 □どぎつい (불쾌할 정도로) 지나치게 강렬하다, 몹시 자극적이다 ■～がちだ (동사 ます형에 붙어) ~하기 쉽다, ~하는 경향이 있다 〈最近、体調を崩(くず)して会社を休みがちだ 요즘 건강이 나빠져서 회사를 자주 쉰다〉 □偽悪趣味 자신을 실제와는 다르게 훨씬 더 악인처럼 보이도록 행동하는 취미 □あくどい 악랄하다, 지독하다 □鬼の面をかぶる 도깨비 탈을 쓰다

お風呂がわいた。お風呂場に電燈(でんとう)をつけて、着物を脱ぎ、窓をいっぱいに開(あ)け放(はな)してから、ひっそりお風呂にひたる。珊瑚樹(さんごじゅ)の青い葉が窓から覗(のぞ)いていて、一枚一枚の葉が、電燈の光を受けて、強く輝(かがや)いている。空には星(ほし)がキラキラ。なんど見直(みなお)しても、キラキラ。仰向(あおむ)いたまま、うっとりしていると、自分のからだのほの白さが、わざと見ないのだが、それでも、ぼんやり感じられ、視野(しや)のどこかに、ちゃんとはいっている。なお、黙っていると、小さい時の白さと違うように思われて来る。いたたまらない。肉体(にくたい)が、自分の気持ちと関係なく、ひとりでに成長して行くのが、たまらなく、困惑(こんわく)する。めきめきと、おとなになってしまう自分を、どうすることもできなく、悲しい。なりゆきにまかせて、じっとして、自分の大人(おとな)になって行くのを見ているより仕方(しかた)がないのだろうか。

□お風呂場 목욕탕, 욕실 □開け放す 열어젖히다 □ひっそり 몰래, 살짝 □お風呂にひたる (욕조에) 몸을 담그다 □輝く 반짝이다, 반짝거리다 □キラキラ 반짝반짝 □見直す 다시 보다 □ほの白さ (색이) 뽀얌 □視野 시야 □いたたまらない (더 이상) 견딜 수 없다, 배겨낼 수 없다 =いたたまれない □ひとりでに 저절로 □困惑する 곤혹스럽다 □めきめきと 쑥쑥, 부쩍부쩍, 무럭무럭 □なりゆき 되어가는 형편, 진행 상황 □まかせる 맡기다 ■~より仕方がない (동사 기본형에 붙어) ~할 수 밖에 없다〈口に合わなくても、食べるより仕方がない 입맛에 맞지 않아도 먹을 수 밖에 없다〉

いつまでも、お人形みたいなからだでいたい。お湯(ゆ)をじゃぶじゃぶ掻(か)きまわして、子供の振(ふ)りをしてみても、なんとなく気が重い。これからさき、生きてゆく理由が無いような気がして来て、くるしくなる。庭の向こうの原っぱで、おねえちゃん！と、半分泣きかけて呼ぶよその子供の声に、はっと胸を突(つ)かれた。私を呼んでいるのではないけれども、いまのあの子に泣きながら慕(した)われているその「おねえちゃん」を羨(うらやま)しく思うのだ。私にだって、あんなに慕って甘えてくれる弟が、ひとりでもあったなら、私は、こんなに一日一日、みっともなく、まごついて生きてはいない。生きることに、ずいぶん張(は)り合(あ)いも出て来るだろうし、一生涯(いっしょうがい)を弟に捧(ささ)げて、つくそうという覚悟(かくご)だって、できるのだ。ほんとうに、どんなつらいことでも、堪(た)えてみせる。ひとり力(りき)んで、それから、つくづく自分を可哀想に思った。

□お湯 목욕물, 뜨거운 물 □じゃぶじゃぶ 첨벙첨벙 □掻きまわす 휘젓다 ■ ~振りをする ~하는 체하다, ~하는 척하다 〈蜘蛛(くも)は危険(きけん)なときに死んだ振りをする 거미는 위험한 때에 죽은 척한다〉 □気が重い 마음이 무겁다 □原っぱ 공터, 빈터 □泣きかける 울기 시작하다 □胸を突かれる 깜짝 놀라다 □慕う 그리워하다, 연모하다 〈여기서는 좋아서 따른다는 뜻임〉 □みっともない 꼴사납다, 꼴불견이다, 보기 흉하다 □まごつく 갈팡질팡하다 □張り合い 의욕, 보람 □一生涯 한평생 □捧げる 바치다 □力む 허세를 부리다, 기를 쓰다, 힘을 주다

風呂からあがって、なんだか今夜は、星が気にかかって、庭に出てみる。星が、降るようだ。ああ、もう夏が近い。蛙(かえる)があちこちで鳴いている。麦(むぎ)が、ざわざわいっている。何回、振(ふ)り仰(あお)いでみても、星がたくさん光(ひか)っている。去年のこと、いや去年じゃない、もう、おととしになってしまった。私が散歩(さんぽ)に行きたいと無理言っていると、お父さん、病気だったのに、一緒に散歩に出て下さった。いつも若かったお父さん。ドイツ語の「おまえ百まで、わしゃ九十九まで。」という意味とやらの小(こ)唄(うた)を教えて下さったり、星のお話をしたり、即興(そっきょう)の詩(し)を作ってみせたり、ステッキついて、唾(つば)をピュッピュッ出し出し、あのパチクリをやりながら一緒に歩いて下さった、よいお父さん。

□風呂からあがる 목욕탕에서 나오다, 목욕을 끝내고 나오다 □星 별 □気にかかる 신경이 쓰이다 □蛙 개구리 □ざわざわ 나뭇잎 등이 서로 스쳐 나는 소리, 와삭와삭, 바삭바삭 □無理言う 억지 부리다 □わしゃ 나는 〈わしは의 회화체 줄임말로, わし는 주로 나이든 남자 노인들이 씀〉 ■ ～やら ~인가, ~인지 〈何のことやら、さっぱり分からない 무슨 말인지 전혀 모르겠다〉 □小唄 짧은 노래, 소품곡 □即興 즉흥 □詩を作る 시를 짓다 □ステッキ(を)つく 지팡이를 짚다 □唾 침 □ピュッピュッ 퇴퇴 〈침을 밖으로 내뱉는 모양〉 □パチクリ 눈을 깜박거리는 모양

黙って星を仰（あお）いでいると、お父さんのこと、はっきり思い出す。あれから、一年、二年経（た）って、私は、だんだんいけない娘になってしまった。ひとりきりの秘密（ひみつ）を、たくさんたくさん持つようになりました。

お部屋へ戻って、机（つくえ）のまえに座って頬杖（ほおづえ）つきながら、机の上の百合（ゆり）の花を眺める。いいにおいがする。百合のにおいをかいでいると、こうしてひとりで退屈（たいくつ）していても、決してきたない気持ちが起きない。この百合は、きのうの夕方、駅のほうまで散歩していって、そのかえりに花屋さんから一本買って来たのだけれど、それからは、この私の部屋は、まるっきり違った部屋みたいにすがすがしく、襖（ふすま）をするするとあけると、もう百合のにおいが、すっと感じられて、

□あれから 그로부터 □秘密 비밀 □嗅ぐ (냄새를) 맡다 □退屈する 지루하다, 따분하다 □気持ちが起きる 기분이 나다, 마음이 생기다 □まるっきり 완전히 □するすると 미끄러지듯 매끄럽게 움직이는 모양, 드르륵, 스르르, 주르르 □すっと 상쾌하게, 개운하게, 후련하게

どんなに助かるかわからない。こうして、じっと見ていると、ほんとうにソロモンの栄華(えいが)以上だと、実感(じっかん)として、肉体感覚として、首肯(しゅこう)される。ふと、去年の夏の山形(やまがた)を思い出す。山に行ったとき、崖(がけ)の中腹(ちゅうふく)に、あんまりたくさん、百合が咲(さ)き乱(みだ)れていたので驚いて、夢中になってしまった。でも、その急な崖には、とてもよじ登(のぼ)ってゆくことができないのが、わかっていたから、どんなに魅(ひ)かれても、ただ、見ているより仕方(しかた)がなかった。そのとき、ちょうど近くに居合(いあわ)せた見知(みし)らぬ坑夫(こうふ)が、黙ってどんどん崖によじ登っていって、そしてまたたくうちに、いっぱい、両手で抱(かか)え切(き)れないほど、百合の花を折(お)って来てくれた。そうして、少しも笑わずに、それをみんな私に持たせた。それこそ、いっぱい、いっぱいだった。

□ソロモン 솔로몬 □栄華 영화 □実感 실감 □肉体感覚 신체 감각 □首肯 수긍 □崖 낭떠러지 □中腹 중턱 □咲き乱れる (꽃이) 만발하다 □急だ 가파르다 □よじ登る 기어오르다 □居合せる (마침 그곳에) 있다, 나와 있다 □見知らぬ 낯선, 알지 못하는 □坑夫 광부 □またたくうちに 눈 깜짝할 사이에 □抱える 안다, 껴안다 □折る 꺾다, 접다

どんな豪勢(ごうせい)なステージでも、結婚式場(けっこんしきじょう)でも、こんなにたくさんの花をもらった人はないだろう。花でめまいがするって、そのとき初めて味(あじ)わった。その真っ白い大きい大きい花束(はなたば)を両腕(りょううで)をひろげてやっとこさ抱(かか)えると、前が全然見えなかった。親切(しんせつ)だった、ほんとうに感心(かんしん)な若いまじめな坑夫は、いまどうしているかしら。花を、危(あぶ)ない所(ところ)に行って取って来てくれた、ただ、それだけなのだけれど、百合を見るときには、きっと坑夫を思い出す。

机の引(ひ)き出(だ)しをあけて、かきまわしていたら、去年の夏の扇子(せんす)が出て来た。白い紙に、元禄時代(げんろくじだい)*の女のひとが行儀(ぎょうぎ)わるく座(すわ)り崩(くず)れて、その傍(そば)に、青いほおずきが二つ書(か)き添(そ)えられてある。この扇子から、去年の夏が、ふうと煙(けむり)みたいに立ちのぼる。

□**豪勢** 매우 호화롭고 사치스러움, 호화판 □**ステージ** 스테이지, 무대 □**めまいがする** 현기증이 나다 □**味わう** 겪다, 체험하다, 음식 맛을 보다 □**花束** 꽃다발 □**ひろげる** 벌리다, 넓히다 □**やっとこさ** 겨우, 간신히 □**感心だ** 감탄하다, 기특하다, 신통하다 □**引き出し** 서랍 □**行儀** 예의, 예절, 교양, 매너 □**座り崩れる** 흐트러진 자세로 앉다, 털썩 주저앉다 □**ほおずき** 꽈리 □**書き添える** 곁들여 쓰다, 덧붙여 쓰다 □**立ちのぼる** (연기 등이) 솟아오르다, 피어오르다

* **元禄時代**(1680~1709) 元禄〈1688~1704, 江戸(えど)시대 연호 중의 하나〉 년간을 중심으로, 5대 将軍(しょうぐん)인 徳川綱吉(とくがわつなよし, 1646~1709)가 약 30년간 집권했던 시대로, 町人(ちょうにん, 근세의 도시 상공업자) 문화가 꽃핀 에도 막부의 전성기이다.

山形の生活、汽車の中、浴衣(ゆかた)、すいか、川、蝉(せみ)、風鈴(ふうりん)*。急に、これを持って汽車に乗りたくなってしまう。扇子をひらく感じって、よいもの。ぱらぱら骨(ほね)がほどけていって、急にふわっと軽くなる。クルクルもてあそんでいたら、お母さん帰っていらした。御機嫌がよい。

「ああ、疲れた、疲れた。」といいながら、そんなに不愉快(ふゆかい)そうな顔もしていない。ひとの用事をしてあげるのがお好きなのだから仕方がない。

「なにしろ、話がややこしくて。」など言いながら着物を着換えてお風呂へはいる。

お風呂から上(あ)がって、私と二人でお茶を飲みながら、へんにニコニコ笑って、お母さん何を言い出すかと思ったら、

□浴衣 유카타 〈목욕 후나 여름철에 입는 무명으로 된 얇은 홑겹 옷〉 □蝉 매미 □風鈴 풍경 □急に 갑자기 □ぱらぱら 분해되어 흩어지는 모양, 산산이, 뿔뿔이 □骨 뼈 〈본문에서는 '부챗살'을 말함〉 □ほどける 풀리다 □ふわっと 두둥실 〈가벼운 것이 떠오르는 모양〉 □クルクル 빙글빙글 □もてあそぶ(玩ぶ) 가지고 놀다, 장난하다 □なにしろ 어쨌든 □ややこしい 복잡하다, 까다롭다 □ニコニコ 싱글벙글

「あなたは、こないだから『裸足(はだし)の少女(しょうじょ)』を見たい見たいと言ってたでしょう？ そんなに行きたいなら、行ってもよござんす*。そのかわり、今晩は、ちょっとお母さんの肩(かた)をもんで下さい。働いて行くのなら、なおさら楽しいでしょう？」

もう私は嬉(うれ)しくてたまらない。「裸足の少女」という映画(えいが)も見たいとは思っていたのだが、このごろ私は遊んでばかりいたので、遠慮(えんりょ)していたのだ。それをお母さん、ちゃんと察(さっ)して、私に用事を言いつけて、私に大手(おおで)をふって映画見にゆけるように、仕向(しむ)けて下さった。ほんとうに、うれしく、お母さんが好きで、自然(しぜん)に笑ってしまった。

□**裸足** 맨발 □**そのかわり** 그대신 □**肩をもむ**(揉む) 어깨를 주무르다, 안마하다 □**察する** 헤아리다, 살피다, 추측하다, 이해하다 □**大手をふる** 활개를 치다, 서슴없이 행동하다 □**仕向ける** 어떤 행동을 하도록 작용하다, 하게 만들다

* **行ってもよござんす** '가도 좋습니다'란 뜻으로, ようございます→よござます→よござんす로 변화한 표현이다.

お母さんと、こうして夜ふたりきりで暮すのも、ずいぶん久しぶりだったような気がする。お母さん、とても交際が多いのだから。お母さんだって、いろいろ世間から馬鹿にされまいと思って努めていられるのだろう。こうして肩をもんでいると、お母さんのお疲れが、私のからだに伝わって来るほど、よくわかる。大事にしよう、と思う。先刻、今井田が来ていたときに、お母さんを、こっそり恨んだことを、恥ずかしく思う。ごめんなさい、と口の中で小さく言ってみる。私は、いつも自分のことだけを考え、思って、お母さんには、やはり、心底から甘えて乱暴な態度をとっている。お母さんは、その都度、どんなに痛い苦しい思いをするか、そんなものは、てんで、はねつけている自分だ。お父さんがいなくなってからは、お母さんは、ほんとうにお弱くなっているのだ。

□**交際** 교제, 사귐　□**伝わる** 전해지다, 전달되다　□**先刻** 아까, 조금 전　□**恨む** 원망하다　□**しん底から** 마음속으로부터　□**態度をとる** 태도를 취하다　□**てんで** 아예, 애당초, 전연　□**はねつける** 거절하다

私自身、くるしいの、やりきれないのと言ってお母さんに完(かん)全(ぜん)にぶらさがっているくせに、お母さんが少しでも私に寄(よ)りかかったりすると、いやらしく、薄汚(うすぎたな)いものを見たような気持ちがするのは、本当に、わがままずぎる。お母さんだって、私だって、やっぱり同じ弱い女なのだ。これからは、お母さんと二人だけの生活に満足し、いつもお母さんの気持ちになってあげて、昔の話をしたり、お父さんの話をしたり、一日でもよい、お母さん中心の日を作れるようにしたい。そうして、立派に生(い)き甲(が)斐(い)を感じたい。お母さんのことを、心では、心配したり、よい娘になろうと思うのだけれど、行動(こうどう)や、言葉に出る私は、わがままな子供ばっかりだ。それに、このごろの私は、子供みたいに、きれいなところさえ無い。汚(よご)れて、恥ずかしいことばかりだ。くるしみがあるの、悩んでいるの、寂しいの、悲しいのって、それは一体(いったい)、なんのことだ。

□寄りかかる 기대다, 의지하다 □~たりすると ~하거나 하면 □薄汚い 어쩐지 더러운 듯하다, 지저분하다, 구질구질하다 □一体 도대체

はっきり言ったら、死ぬる。ちゃんと知っていながら、一ことだって、それに似(に)た名詞(めいし)ひとつ形容詞(けいようし)ひとつ言い出せないじゃないか。ただ、どぎまぎして、おしまいには、かっとなって、まるでなにかみたいだ。むかしの女は、奴隷(どれい)とか、自己を無視(むし)している虫けらとか、人形(にんぎょう)とか、悪口言われているけれど、いまの私なんかよりは、ずっとずっと、いい意味の女らしさがあって、心の余裕(よゆう)もあったし、忍従(にんじゅう)を爽(さわ)やかにさばいて行けるだけの叡智(えいち)もあったし、純粋(じゅんすい)の自己犠牲(ぎせい)の美しさも知っていたし、完全に無報酬(むほうしゅう)の、奉仕(ほうし)のよろこびもわきまえていたのだ。

□死ぬる 죽다 〈死ぬ의 문어체 표현〉 □どぎまぎする 갈팡질팡하다, 허둥지둥하다 □おしまいには 끝내는, 결국에는, 마침내는 □かっとなる 버럭 화가 나다, 열 받다 □奴隷 노예 □無視する 무시하다 □虫けら 벌레의 낮춤말, 벌레 같이 하찮은 사람 □余裕 여유 □忍従 참고 따름 □爽やかだ 상쾌하다 □さばく (엉키거나 곤란한 것을) 잘 풀다, 잘 수습하다, 재치 있게 처리하다 □叡智 예지, 뛰어난 지혜 □自己犠牲 자기희생 □無報酬 무보수 □わきまえる (분수, 입장 등을) 잘 알다, 가리다, 구별하다

「ああ、いいアンマさんだ。天才ですね。」

お母さんは、れいによって私をからかう。

「そうでしょう？ 心がこもっていますからね。でも、あたしの取柄は、アンマ上下、それだけじゃないんですよ。それだけじゃ、心細いわねえ。もっと、いいとこもあるんです。」

素直に思っていることを、そのまま言ってみたら、それは私の耳にも、とっても爽やかに響いて、この二、三年、私が、こんなに、無邪気に、ものをはきはき言えたことは、なかった。自分のぶんを、はっきり知ってあきらめたときに、はじめて、平静な新しい自分が生れて来るのかも知れない、と嬉しく思った。

□**アンマさん** 안마사 □**天才** 천재 □**心がこもる** 마음이 담기다, 정성이 담기다 □**取柄** 장점, 쓸모 □**アンマ上下** 온몸 안마 □**心細い** 불안하다, 허전하다 □**とこ** 점, 부분〈ところ의 회화체 줄임말〉 □**とっても** 매우, 몹시〈とても의 힘줌말〉 □**響く** 울리다, 들리다 □**無邪気** 악의가 없음, 천진난만함, 순진함 □**はきはき** 말 · 동작 · 태도가 활발하고 분명한 모양, 시원시원, 또깡또깡 □**ものを言う** 입을 열다, 말을 하다 □**ぶん** 직분, 지위 □**平静** 평온(함)

今夜はお母さんに、いろいろの意味でお礼もあって、アンマがすんでから、オマケとして、クオレ*を少し読んであげる。お母さんは、私がこんな本を読んでいるのを知ると、やっぱり安心なような顔をなさるが、先日私が、ケッセルの昼顔(ひるがお)*を読んでいたら、そっと私から本を取りあげて、表紙(ひょうし)をちらっと見て、とても暗い顔をなさって、けれども何も言わずに黙って、そのまますぐに本をかえして下さったけれど、私もなんだか、いやになって続けて読む気がしなくなった。お母さん、昼顔を読んだことが無いはずなのに、それでも勘で、わかるらしいのだ。夜、静かな中で、ひとりで声たててクオレを読んでいると、自分の声がとても大きく間抜(まぬ)けてひびいて、読みながら、ときどき、くだらなくなって、お母さんに

□お礼 답례, 보답 □オマケ 덤 □昼顔 메꽃 □取りあげる 빼앗다 □表紙 표지 □ちらっと見る 흘끗 보다 □かえす 되돌려주다 □間抜ける 멍청한 짓을 하다, 바보짓을 하다

* **クオレ**(Cuore) 이탈리아의 에드먼드 데 아미치스(1846~1908)가 1886년에 발표한 아동문학 작품으로, 소년 엔리코의 1년 동안의 일기를 바탕으로 우정, 조국애 등의 아름다움을 그렸다. 쿠오레는 이탈리아어로 '마음, 애정'이라는 뜻이다. 우리나라에는 〈사랑의 학교〉로 소개되었다.

* **昼顔** 프랑스 작가 조셉 케셀(1898~1979)이 1929년에 발표한 장편소설로, 원제는 〈대낮의 미녀, Belle de Jour〉이며 국내에는 〈세브린느〉로 소개되었다. 1967년 영화화되어 28회 베니스영화제에서 금사자상을 수상했다.

恥ずかしくなってしまう。あたりが、あんまり静かなので、ばかばかしさが目立(めだ)つ。クオレは、いつ読んでも、小さい時に読んで受けた感激(かんげき)とちっとも変らぬ感激を受けて、自分の心も、素直に、きれいになるような気がして、やっぱりいいなと思うのであるが、どうも、声を出して読むのと、目で読むのとでは、ずいぶん感じがちがうので、驚き、閉口の形である。でも、お母さんは、エンリコのところや、ガロオンのところでは、うつむいて泣いていられた。うちのお母さんも、エンリコのお母さんのように立派な美しいお母さんである。

　お母さんは、さきにおやすみ。けさ早くからお出掛けだったゆえ、ずいぶん疲れたことと思う。お蒲団(ふとん)を直してあげて、お蒲団の裾(すそ)のところをハタハタ叩(たた)いてあげる。お母さんは、いつでも、お床(とこ)へはいるとすぐ目をつぶる。

□**感激** 감격　□**閉口** 질림, 손듦, 입을 다물고 말을 안 함　□**うつむく** 고개를 숙이다, 아래를 보다　□**お蒲団** 이부자리　□**直す** 고치다, 다듬다, 매만지다　□**裾** (물건의) 끝, 끝부분, 끝자락　□**ハタハタ** 탁탁 〈먼지를 터는 소리〉　□**叩く** 두드리다

私は、それから風呂場でお洗濯(せんたく)。このごろ、へんな癖(くせ)で、十二時ちかくなってお洗濯をはじめる。昼間(ひるま)じゃぶじゃぶやって時間をつぶすの、惜(お)しいような気がするのだけれど、反対(はんたい)かも知れない。窓からお月様(つきさま)が見える。しゃがんで、しゃッしゃッと洗いながら、お月様に、そっと笑いかけてみる。お月様は、知(し)らぬ顔(がお)をしていた。ふと、この同じ瞬間(しゅんかん)、どこかの可哀想な寂しい娘が、同じようにこうしてお洗濯しながら、このお月様に、そっと笑いかけた、たしかに笑いかけた、と信じてしまって、それは、遠い田舎の山の頂上(ちょうじょう)の一軒家(いっけんや)、深夜(しんや)だまって背戸(せど)でお洗濯している、くるしい娘さんが、いま、いるのだ、それから、パリイの裏町(うらまち)の汚いアパアトの廊下(ろうか)で、やはり私と同じとしの娘さんが、ひとりでこっそりお洗濯して、このお月様に笑いかけた、とちっとも疑(うたが)うところなく、

□癖 버릇, 습관　□時間をつぶす 시간을 보내다, 낭비하다　□しゃがむ 쭈그리고 앉다　□しゃッしゃッと 세게 문지르는 소리, 박박, 쓱쓱　□知らぬ顔をする 모르는 척을 하다　□頂上 정상　□一軒家 단독주택　□深夜 심야　□背戸 뒷문　□裏町 뒷골목　□アパアト 아파트 =アパート　□廊下 복도　□疑う 의심하다

望遠鏡(ぼうえんきょう)でほんとに見とどけてしまったように、色彩(しきさい)も鮮明(せんめい)にくっきり思(おも)い浮(う)かぶのである。私たちみんなの苦しみを、ほんとに誰も知らないのだもの。いまに大人(おとな)になってしまえば、私たちの苦しさ侘(わ)びしさは、おかしなものだった、となんでもなく追憶(ついおく)できるようになるかも知れないのだけれど、けれども、その大人になりきるまでの、この長い厭な期間を、どうして暮していったらいいのだろう。誰も教えてくれないのだ。ほって置くよりしようのない、ハシカみたいな病気なのかしら。でも、ハシカで死ぬる人もあるし、ハシカで目のつぶれる人だってあるのだ。放って置くのは、いけないことだ。

□望遠鏡 망원경 □見とどける 끝까지 보고 확인하다, 마지막까지 지켜보다 □くっきり 뚜렷하게, 선명하게 □思い浮かぶ (머릿속에) 떠오르다 □侘びしさ 쓸쓸함 □追憶 추억 □ほって置く 내버려 두다, 방치하다 〈放(ほう)って置(お)く의 회화체 줄임말〉 □ハシカ 홍역 □つぶれる 망가지다, 못 쓰게 되다, 깨지다

私たち、こんなに毎日、鬱々(うつうつ)したり、かっとなったり、そのうちには、踏みはずし、うんと堕落(だらく)して取りかえしのつかないからだになってしまって一生をめちゃめちゃに送(おく)る人だってあるのだ。また、ひと思いに自殺(じさつ)してしまう人だってあるのだ。そうなってしまってから、世の中のひとたちが、ああ、もう少し生きていたらわかることなのに、もう少し大人になったら、自然とわかって来ることなのにと、どんなに口惜(くや)しがったって、その当人(とうにん)にしてみれば、苦しくて苦しくて、それでも、やっとそこまで堪(た)えて、何か世の中から聞こう聞こうと懸命(けんめい)に耳をすましていても、やっぱり、何かあたりさわりのない教訓(きょうくん)を繰(く)り返(かえ)して、まあ、まあと、なだめるばかりで、私たち、いつまでも、恥ずかしいスッポカシをくっているのだ。

□鬱々する 침울하다, 우울하다 □踏みはずす 발을 잘못 디디다 □堕落する 타락하다 □取りかえし 돌이킴, 만회, 회복 〈取りかえしがつかない 돌이킬 수가 없다, 되돌릴 수가 없다〉 □ひと思いに 대번에, 단숨에, 과감히 □口惜しがる 분해 하다 □当人 당사자, 본인 □懸命に 열심히, 필사적으로 □耳をすます(澄ます) 귀를 기울이다 □あたりさわり(当たり障り) 지장, 탈 〈当たり障りがない 지장이 없다, 탈이 없다〉 □教訓 교훈 □繰り返す 반복하다 □なだめる 달래다 □スッポカシをくう 바람맞다, 상대가 약속을 어기다 =すっぽかされる

私たちは、決して刹那主義(せつなしゅぎ)ではないけれども、あんまり遠くの山を指(ゆび)さして、あそこまで行けば見はらしがいい、と、それは、きっとその通りで、みじんも嘘のないことは、わかっているのだけれど、現在(げんざい)こんな烈(はげ)しい腹痛(ふくつう)を起しているのに、その腹痛に対(たい)しては、見て見ぬふりをして、ただ、さあさあ、もう少しのがまんだ、あの山の山頂(さんちょう)まで行けば、しめたものだ、とただ、そのことばかり教えている。きっと、誰かが間(ま)違(ちが)っている。わるいのは、あなただ。

お洗濯をすまして、お風呂場のお掃除(そうじ)をして、それから、こっそりお部屋の襖(ふすま)をあけると、百合(ゆり)のにおい。すっとした。心の底(そこ)まで透明になってしまって、崇高(すうこう)なニヒル、とでもいったような工合(ぐあ)いになった。しずかに寝巻(ねまき)に着換えていたら、いままですやすや眠(ねむ)ってるとばかり思っていたお母さん、目をつぶったまま突然(とつぜん)言い出したので、びくっとした。お母さん、ときどきこんなことをして、私を驚(おどろ)かす。

□刹那主義 찰나주의　□指さす (손가락으로) 가리키다　□見はらし 전망　□みじん(微塵) 작은 먼지, 티끌, 조금 〈みじんも~ない 티끌 만큼도 ~않다〉　□烈しい 심하다, 격렬하다　□腹痛を起す 복통을 일으키다　□~に対しては ~에 대해서는　□見て見ぬふりをする 보고도 못 본 척하다　□さあさあ 자자, 어서어서　□間違う 틀리다, 잘못되다, 실수하다　□すっとする 상쾌하다, 개운하다　□崇高 숭고(함)　□ニヒル 허무, 허무적임　□工合い 형편, 사정 =具合　□すやすや 새근새근　□びくっとする (놀라서) 움찔하다, 흠칫하다　□驚かす 놀라게 하다

「夏の靴がほしいと言っていたから、きょう渋谷（しぶや）へ行ったついでに見て来たよ。靴も、高くなったねえ。」

「いいの、そんなに欲（ほ）しくなくなったの。」

「でも、なければ、困るでしょう。」

「うん。」

明日もまた、同じ日が来るのだろう。幸福（こうふく）は一生、来ないのだ。それは、わかっている。けれども、きっと来る、あすは来る、と信じて寝るのがいいのでしょう。わざと、どさんと大きい音たてて蒲団にたおれる。ああ、いい気持ちだ。蒲団が冷いので、背中がほどよくひんやりして、ついうっとりなる。幸福は一夜（いちや）おくれて来る。ぼんやり、そんな言葉を思い出す。幸福を待って待って、とうとう堪（た）え切（き）れずに家を飛（と）び出（だ）してしまって、そのあくる日に、素晴（すば）らしい幸福の知らせが、捨てた家を訪れたが、もうおそかった。幸福は一夜おくれて来る。幸福は——

■ **～ついでに** (동사 기본형 · た형, 명사の에 붙어) ~하는 김에, ~을 겸하여 〈散歩のついでに友だちの家に立ち寄った 산책하는 김에 친구 집에 들렀다〉 □**どさんと** 무거운 것이 갑자기 떨어지거나, 세게 내려놓을 때 나는 소리, 털썩, 퍽 □**たおれる**(倒れる) 쓰러지다, 무너지다, 넘어지다 〈본문에서는 '눕다'란 뜻임〉 □**ほどよい** 알맞다, 딱 적당하다 □**ひんやりする** 싸늘하다, 썰렁하다 □**一夜** 하룻밤 □**飛び出す** 뛰쳐나가다 □**あくる日** 다음 날 □**訪れる** 방문하다, 찾아가다

お庭をカアの歩く足音(あしおと)がする。パタパタパタパタ、カアの足音には、特徴(とくちょう)がある。右の前足(まえあし)が少し短(みじか)く、それに前足はO型(オーがた)でガニだから、足音にも寂しい癖があるのだ。よくこんな真夜中(まよなか)に、お庭を歩きまわっているけれど、何をしているのかしら。カアは、可哀想。けさは、意地悪(いじわる)してやったけれど、あすは、かわいがってあげます。

私は悲しい癖で、顔を両手でぴったり覆(おお)っていなければ、眠れない。顔を覆って、じっとしている。

眠りに落ちるときの気持ちって、へんなものだ。鮒(ふな)か、うなぎか、ぐいぐい釣糸(つりいと)をひっぱるように、なんだか重い、鉛(なまり)みたいな力(ちから)が、糸(いと)でもって私の頭を、ぐっとひいて、私がとろとろ眠りかけると、また、ちょっと糸をゆるめる。

□足音がする 발소리가 나다 □パタパタ 쿵쿵 □特徴 특징 □前足 앞발 □~型 ~형 □ガニ게 =蟹(かに) □真夜中 한밤중 □歩きまわる 걸어서 여기저기 돌아다니다 □意地悪する 못살게 굴다, 괴롭히다, 심술 부리다 □ぴったり 딱, 제대로 □覆う 덮다, 뒤덮다 □眠りに落ちる 잠이 들다 □鮒 붕어 □うなぎ 장어 □ぐいぐい 힘차게 계속 잡아당기거나 미는 모양, 죽죽, 쭉쭉, 홱홱, 휙휙 □釣糸 낚싯줄 □ひっぱる 끌다, 잡아당기다, 끌어당기다 □鉛 납 □糸 실, 끈, 줄 □ぐっと 힘을 주어 단숨에 하는 모양, 쑥, 쭉, 확 □ひく 당기다, 끌다 □とろとろ 꾸벅꾸벅 〈살짝 잠이 오거나 졸음이 쏟아지는 모양〉 □眠りかける 잠들기 시작하다 □ゆるめる 느슨하게 하다

すると、私は、はっと気を取り直す。また、ぐっと引く。とろとろ眠る。また、ちょっと糸を放す。そんなことを三度か、四度くりかえして、それから、はじめて、ぐうっと大きく引いて、こんどは朝まで。

おやすみなさい。私は、王子(おうじ)さまのいないシンデレラ姫(ひめ)。あたし、東京の、どこにいるか、ごぞんじですか？ もう、ふたたびお目にかかりません。

□**気を取り直す** 기분을 새롭게 하다, 마음을 다잡다, 정신을 차리다 □**放す** 놓다, 풀다 □**ぐうっと** 쑤욱, 쭈욱 〈ぐっと의 힘줌말〉 □**ふたたび(再び)** 다시, 재차 □**お目にかかる** 만나뵙다 〈会(あ)う의 겸양어〉

본문 해석

본문과 대조하면서 확인해 보시기 바랍니다.

満願 만원

p.10 이것은 지금부터 4년 전의 이야기다. 내가 이즈의 미시마에 사는 아는 사람 집의 2층에서 한 해의 여름을 지내면서 로마네스크라는 소설을 쓰고 있었을 때의 이야기다. 어느 날 밤, 술에 취해 자전거를 타고 거리를 달리는 바람에 다쳤다. 오른발의 복사뼈 위쪽이 찢어졌다. 상처가 심한 것은 아니었지만 그래도 술을 마셨기 때문에 출혈이 심해서 서둘러 병원으로

p.11 달려갔다. 동네 의사는 서른두 살의 몸집이 크고 뚱뚱하며 사이고 타카모리를 닮았다. 많이 취해 있었다. 나와 마찬가지로 비틀비틀 취해서 진찰실에 나타났기 때문에 나는 우스웠다. 치료를 받으면서 나는 킥킥 웃고 말았다. 그러자 의사도 킥킥 웃기 시작하여 마침내 참을 수 없어서 두 사람은 함께 소리 내어 크게 웃었다.

그날 밤부터 우리들은 사이가 좋아졌다. 의사는 문학보다 철학을 더 좋아했다. 나도 철학 쪽 이야기를 하는 것이 마음이 편해서 이야기가 꽃을 피웠다. 의사의 세계관은 원시이원론이라고도 할 만한 것으로,

p.13 세상이란 존재를 전부 선인과 악인의 싸움으로 보고 있었고, 굉장히 말이 시원시원하고 분명했다. 나는 사랑이라는 유일신을 믿으려고 내심 애쓰고 있었지만, 그래도 의사의 '선인과 악인' 이야기를 들으니 울적한 가슴 속이 아주 상쾌하고 시원해지는 것을 느꼈다. 예를 들면 저녁에 내가 방문했을 때 나를 접대하는 데 있어서, 당장 부인에게 맥주를 가져오라고 명령하는 의사 자신은 선인이고, "오늘 저녁은 맥주가 아니라 브리지(트럼프놀이의 일종)를 합시다." 하고 웃으면서 제의하는 부인이야말로 악인이라고 하는 의사의 예증에는 나도 순순히 찬성했다. 부인은 몸집이 작고, 호박 같이 못생겼지만 피부가 희고 기품이 있었다. 아이는 없었지만 부인의 남동생으로 누마즈의 상업학교에 다니고 있는 얌전한 소년 한 명이 2층에 있었다.

p.14 의사 집에서는 다섯 종류의 신문을 구독하고 있었기 때문에, 나는 그것을 보기 위해 거의 매일 아침 산책 도중에 들러서 30분이나 1시간 정도 폐를 끼쳤다. 뒷문으로 돌아가서 사랑방의 툇마루에 걸터앉아서, 부인이 가져다 주는 시원한 보리차를 마시면서 바람에 날려 펄럭거리는 신문을 한쪽 손으로 꽉 눌러 잡고 읽는데, 툇마루에서 두 칸도 떨어져 있지 않은 푸른 풀밭 사이로 물이 많은 실개천이 졸졸 흐르고 있고, 그 실개천을 따라 나 있는 좁은 길을 자전거를 타고 지나가는 우유 배달 청년이 매일 아침

꼭 "안녕하세요?" 하고 나그네인 나에게 인사를 했다. 그 시간에 약을 받으러 오는 젊은 여자가 있었다. 간편한 옷에 나막신을 신고 있었고 청결한 느낌을 주는 사람으로, 자주 의사와 진찰실에서 함께 웃고 있었는데, 가끔 의사가 현관까지 그녀를 배웅하며,

p.15 "부인, 조금만 더 참으시면 됩니다!" 하고 큰 소리로 질타하는 경우가 있다.

의사 부인이 어느 땐가 나에게 그 이유를 들려주었다. 그 여자는 초등학교 선생님의 부인으로, 선생님은 3년 전에 폐가 나빠졌는데 요즘은 부쩍 좋아졌다. 의사는 열심히 그 젊은 부인에게 지금이 중요한 때라고 엄하게 (합궁을) 금했다. 부인은 의사가 시키는 대로 했다. 그래도 때때로 왠지 가엾은 모습으로 찾아올 때가 있다. 의사는 그때마다 "마음을 독하게 먹으세요! 부인, 조금만 더 참으면 됩니다!" 하고 언외에 의미를 담아 질타한다고 한다.

p.16 8월 말, 나는 아름다운 것을 보았다. 아침에 의사 집 툇마루에서 신문을 읽고 있는데, 내 옆에 비스듬히 앉아 있던 부인이,

"아아, 기쁜 모양이네요." 하고 작은 소리로 살짝 속삭였다.

문득 얼굴을 드니 바로 눈앞에 있는 작은 길을 간편한 옷을 입은 청결한 모습의 여자가 재빨리 날아가듯이 걸어갔다. 하얀 우산을 빙글빙글 돌렸다.

"오늘 아침에 허락이 떨어졌어요." 부인은 또 속삭인다.

3년이라고 쉽게 말하지만, —— 가슴이 벅차올랐다. 세월이 흐를수록 나에게는 그 여성의 모습이 아름답게 생각된다. '그것'은 의사 부인이 뒤에서 지시한 것인지도 모른다.

女生徒 여학생

p.18 아침에 눈을 뜰 때의 기분은 재미있다. 숨바꼭질을 할 때 어두운 붙박이장 안에 가만히 웅크리고 숨어 있는데, 갑자기 앞짱구가 드르륵 하고 장지문을 열어젖히는 바람에 햇빛이 한꺼번에 들어오고, 앞짱구가 "찾았다!"라고 큰 소리로 말했을 때, 눈이 부시기도 하고 어색하기도 하고 가슴이

p.19 두근거리기도 해서, 기모노 앞자락을 여미거나 하면서 좀 멋쩍게 붙박이장에서 나와서는 갑자기 울컥 화가 나기도 하는 그런 느낌이라고나 할까? 아니야, 달라, 그런 느낌도 아니야, 왠지 더는 참을 수 없는 느낌이다. 상자를 열면 그 안에 또 작은 상자가 있고, 그 작은 상자를 열면 또 그 안에 더 작은 상자가 있고, 그것을 열면 또다시 작은 상자가 있고, 그 작은 상자를 열면 또 상자가 있고, 그렇게 하여 일곱여덟 개를 열면, 결국 마지막으로 주사위만 한 작은 상자가 나와서 그것을 살짝 열어 보았더니 아무것도 없이 텅텅 빈 그런 느낌에 조금 가깝다. 눈이 번쩍 뜨인다는 것은 거짓말이다. 아주 혼탁한 녹말가루가 점점 밑으로 가라앉아서 조금씩 맑은 웃물이 생겨 겨우 눈이 뜨인다. 아침은 왠지 멋이 없다.

p.20 슬픈 일이 너무 많이 마음에 걸려서 견딜 수가 없다. 싫다. 정말 싫다. 아침의 나는 가장 보기 흉하다. 두 다리가 녹초가 될 정도로 피곤해서 더 이상 아무것도 하고 싶지 않다. 숙면을 취하지 못한 탓일까? 아침은 건강하다는 말, 그건 거짓말이다. 아침은 잿빛이다. 언제나 마찬가지다. 가장 허무하다. 아침 잠자리 안에서 나는 항상 염세적이다. 짜증이 난다. 여러 가지 보기 흉한 후회만이 한꺼번에 뭉쳐 가슴을 막아 몸부림치고 만다.

p.21 아침은 심술궂다. "아버지!"라고 작은 소리로 불러 본다. 이상하게 부끄럽기도 하고 기쁘기도 하여, 일어나서 얼른 이불을 갠다. 이불을 들어올릴 때 '읏샤'라는 소리를 내고는 깜짝 놀랐다. 나는 지금까지 자신이 '읏샤'라는 천박한 말을 하는 여자라고는 생각하지 않았다. '읏샤'란 소리는, 할머니가 내는 소리 같아서 기분이 나쁘다. 왜 이런 소리를 낸 것일까? 내 몸 안 어딘가에 할머니가 한 사람 있는 것 같아서 기분이 언짢다. 앞으로는 조심해야지. 남이 품위 없이 걷는 모습을 흉보면서, 문득 자신도 그렇게 걷고 있는 것을 알았을 때처럼 몹시 기가 죽었다.

p.22 아침은 항상 자신이 없다. 잠옷 차림으로 화장대 앞에 앉는다. 안경을 쓰지 않고 거울을 들여다보면 얼굴이 약간 흐릿해져 촉촉하게 보인다. 내 얼굴 중에서 안경이 제일 싫지만 다른 사람에게는 모르는 안경의 좋은 점도 있다. 안경을 벗고 먼 곳을 보는 것을 좋아한다. 전체가 희미해져서 꿈처럼 또 좁은 구멍으로 들여다보는 그림처럼 멋지다. 더러운 것 따위는 전혀 보이지 않는다. 큰 것만이, 선명하고 강한 색과 빛만이 눈에 들어온다. 안경을 벗고 남을 보는 것도 좋아한다. 상대의 얼굴이 모두 상냥하고 예쁘게 웃는 것처럼 보인다. 게다가 안경을 벗고 있을 때에는 결코 남과 싸움을 하려고 생각하지 않고, 남의 욕도 하고 싶지 않다. 다만 잠자코 멍하니 있을 뿐이다. 그렇게 해서, 그런 경우의 내가 남에게도 좋은 사람으로 보일 것이라는 생각을 하면 더더욱 그러하여, 나는 멍하니 안심하고

p.23 허물없이 행동하고 싶어지고 기분도 무척 부드러워지는 것이다. 그래도 역시 안경은 싫다. 안경을 쓰면 얼굴이라는 느낌이 없어져 버린다. 얼굴에서 생기는 여러 가지 정서, 로맨틱, 아름다움, 과격함, 나약함, 천진난만함, 애수 같은 것을 안경이 전부 가로막아 버린다. 게다가 눈으로 말하는 것도 이상할 정도로 안 된다.

안경은 도깨비다.

스스로 항상 내 안경이 싫다고 생각하기 때문인지, 눈이 아름다운 것이 제일 좋다는 생각이 든다. 코가 없어도 입이 감추어져 있어도, 눈이, 그 눈을 보고 있으면 더욱 내가 아름답게 살아야겠다고 생각하게 만드는 눈이면 좋겠다는 생각을 한다. 내 눈은 그저 크기만 할 뿐 아무짝에도 쓸모 없다.

p.24 가만히 내 눈을 보고 있으면 실망스럽다. 엄마조차도 별 볼일 없는 눈이란 말을 한다. 이런 눈을 빛이 없는 눈이라고 할 것이다. 숯덩이라고 생각하니 실망스럽다. 이렇다니까요. 정말 너무해요. 거울을 보면 그때마다 윤기가 있는 예쁜 눈이 되었으면 좋겠다고 절실하게 생각한다. 파란 호수와 같은 눈, 푸른 초원에 누워 넓은 하늘을 보고 있는 것과 같은 눈, 때때로 구름이 흘러와서 비친다. 새의 그림자까지 확실히 비친다. 아름다운 눈을 가진 사람과 많이 만나보고 싶다.

p.25 오늘 아침부터 5월이다. 그렇게 생각하니 왠지 좀 들떠 온다. 역시 기쁘다. 벌써 여름도 가까워졌나 보다. 마당에 나가니 딸기 꽃이 눈에 들어온다. 아버지가 돌아가셨다는 사실이 이상해진다. 죽어서 없어진다는 것은 이해하기 힘든 일이다. 납득이 가지 않는다. 언니랑, 헤어진 사람이랑, 오랫동안 못 만난 사람들이 그립다. 정말 아침은

지난 옛일과 펠트로 만든 값싼 기모노를 입은 사람들이 이상하게도 친근하게, 단무지 냄새처럼 싱겁게 떠올라서 견딜 수가 없다.

p.26 재피와 카아(불쌍한 개라서 카아라고 부른다.) 두 마리나 함께 달려왔다. 두 마리를 앞에 나란히 놓고 재피만 잔뜩 귀여워해 주었다. 재피의 새하얀 털은 반짝거리며 아름답다. 카아는 지저분하다. 재피를 귀여워하고 있으면 카아가 옆에서 울 것 같은 얼굴을 하고 있을 것을 잘 알고 있다. 카아가 불구라는 것도 알고 있다. 카아는 슬퍼져서 싫다. 너무도 불쌍해서 견딜 수 없기 때문에 일부러 짓궂게 괴롭히는 것이다. 카아는 떠돌이 개처럼

p.27 보이기 때문에 언제 개 장사한테 잡혀갈지 모른다. 카아는 다리가 이러니 도망치는 것이 늦을 것이다. 카아야, 빨리 산속으로라도 가렴. 너는 누구에게도 귀여움을 받을 수 없을 테니까 빨리 죽는 게 나아. 나는 카아뿐만이 아니라 남에게도 못된 짓을 하는 아이이다. 남을 곤경에 빠뜨려 자극한다. 정말로 못된 아이이다. 툇마루에 걸터앉아서 재피의 머리를 쓰다듬어 주면서 눈이 아리도록 파란 잎을 보고 있자니 한심해져서 땅 위에 주저앉고 싶은 기분이 들었다. 울어 보고 싶어졌다. 숨을 꾹 참고 눈을 충혈시키면 눈물이 조금 나올지도 모른다는 생각에 해 보았지만 헛수고였다. 이제 눈물이 없는 여자가 되었는지도 모른다.

p.28 단념하고 방 청소를 시작한다. 청소를 하면서 문득 唐人お吉를 부른다. 잠깐 주위를 둘러본 듯한 느낌이다. 보통 때 모차르트라든가 바흐에 열중해 있을 자신이 무의식 중에 唐人お吉를 부른 것이 재미있다. 이불을 들어올릴 때 '웃샤'라는 소리를 내거나 청소를 하면서 唐人お吉를 부르는 걸 보니 나도 이제 다 되었다는 생각이 든다. 이런 상태라면 잠꼬대로는 얼마나 천박한 말을 할지 불안해서 견딜 수가 없다. 하지만 왠지 우스워져서 빗자루를 든 손을 멈추고 혼자서 웃는다.

p.29 어제 바느질을 끝낸 새 속옷을 입는다. 가슴 부분에 조그맣고 하얀 장미꽃을 수놓아 두었다. 상의를 입으면 이 자수가 안 보이게 된다. 아무도 모른다. 만족스럽다. 엄마는 누군가의 혼담 때문에 정신 없이 분주하여 아침 일찍부터 외출한다. 내가 어렸을 때부터 엄마는 남을 위해 정성을 쏟기 때문에 이미 익숙해져서 새삼스럽지는 않지만 정말 놀랄 만큼 시종 움직이는 엄마다. 감동적이다. 아버지가 너무 공부만 하고 있었기 때문에 엄마는 아버지 몫까지 하는 것이다. 아버지는 사교 같은 것과는 아주 거리

가 멀지만 엄마는 정말 기분 좋은 사람들의 모임을 만든다. 두 분 모두 다른 성격을 갖고 있지만 서로 존경하고 있었던 것 같다. 보기 흉한 점이 없는 아름답고 평온한 부부라고나 할까? 아아, 내가 너무 건방진 소리를 했군.

p.30 된장국이 데워질 때까지 부엌 입구에 걸터앉아 앞에 있는 잡목림을 멍하니 바라보고 있었다. 그랬더니 옛날에도 그리고 앞으로도 이런 식으로 부엌 입구에 걸터앉아 이런 자세로 게다가 똑같은 것을 생각하면서 앞에 있는 잡목림을 바라보고 있었고 또 바라볼 것 같은 생각이 들어서 과거, 현재, 미래가 한 순간에 느껴지는 듯한 이상한 기분이 들었다. 이런 일은 가끔 있다. 누군가와 방에 앉아서 이야기를 하고 있다. 눈이 테이블 구석으로 가서 딱 멈추어 움직이지 않는다. 입만이 움직인다. 이런 때 이상한 착각을 일으키는 것이다. "언제였는지 이런 똑같은 상황에서 똑같은 말을 하면서 역시 테이블 구석을 보고 있었고, 또 앞으로도 지금과 같은 일이

p.32 똑같이 그대로 나에게 찾아올 것이다."라고 믿어 버리는 것이다. 아무리 먼 곳에 있는 시골의 들길을 걷고 있어도 틀림없이 이 길은 언젠가 왔었던 길이라고 생각한다. 걸으면서 길가의 콩잎을 휙 하고 쥐어뜯어도 역시 이 길의 이 부근에서 이 잎을 쥐어뜯은 적이 있다고 생각한다. 그리하여 또 앞으로도 몇 번이고 몇 번이고 이 길을 걸으며 이 부근에서 콩잎을 쥐어뜯을 것이라고 믿는 것이다. 또 이런 일도 있다. 어떤 때 욕조에 몸을 담그고 있을 때 문득 손을 보았다. 그랬더니 앞으로 몇 년인가 지나서 욕조에 들어갔을 때 지금 무심코 손을 보았던 일을, 그리고 손을 보면서 문득 느꼈던 일을 틀림없이 기억해 낼 것이라는 생각이 들었다.

p.33 그렇게 생각했더니 왠지 우울한 느낌이 들었다. 또, 어느 날 저녁 무렵, 밥을 밥통에 옮겨 담고 있을 때, '영감'이라고 하면 좀 과장이지만 뭔가 몸속으로 휙 하고 지나가며 사라지는 것을 느껴서, 뭐랄까? 철학의 꼬랑지라고 말하고 싶은 그런 것에 당해서, 머리도 가슴도 구석구석까지 투명해져서, 뭔가 살아가는 데 있어서 부드럽고 안정된 듯한, 묵묵히 소리도 내지 않고 우무가 쑥 밀려 나올 때와 같은 유연성으로, 이대로 물결치는 대로 아름답고 부드럽게 끝까지 살아나갈 수 있을 것 같은 느낌이 들었다. 이때는 철학 따위를 논할 상황이 아니다. 도둑고양이처럼 소리도 내지 않고

p.34 살아갈 것이라는 예감 같은 것치고 변변한 것은 없다는 생각에 오히려 두려웠다. 그런 마음 상태가 오랫동안 지속되면 사람은 신들린 것처럼 되어 버리는 것은 아

닐까? 그리스도? 하지만 여자 그리스도 따위는 싫다.

결국에는 난 한가한 사람이니까, 생활하는 데 불편이 없는 사람이니까, 매일 몇 백 번 몇 천 번 보고 들은 감수성의 처리를 할 수 없게 되어 멍해져 있는 사이에, 그것들이 도깨비 같은 얼굴이 되어 여기저기 떠올라오는 것이 아닐까?

p.35 식당에서 혼자 밥을 먹는다. 올해 처음으로 오이를 먹는다. 오이의 초록빛으로부터 여름이 온다. 5월 오이의 초록빛에는 가슴이 텅 비게 되는 것 같기도 하고, 쓰라린 것 같기도 하고, 간지러운 것 같기도 한 슬픔이 있다. 혼자 식당에서 밥을 먹고 있으면 몹시 여행을 떠나고 싶다. 기차를 타고 싶다. 신문을 읽는다. 코노에 씨의 사진이 나와 있다. 코노에 씨는 멋있는 남자일까? 나는 이런 얼굴을 좋아하지 않는다. 이마가 못생겼다. 신문에서는 책 광고 문구가 가장 재미있다. 한 자 한 줄에 일 이백 엔의 광고료를 내야 할 테니까 모두들 열심이다. 한 자 한 구, 최대의 효과를 거두려고 끙끙거리며 짜낸 흔적이 엿보이는 훌륭한 문장이다. 이렇게 돈이 드는 문장은 세상에 많지 않을 것이다. 왠지 기분이 좋다. 통쾌하다.

p.36 밥을 다 먹고 문단속을 하고 학교에 간다. 괜찮을 것이다, 비가 안 올 거라는 생각은 들지만 그래도 어제 엄마한테 받은 좋은 우산을 무슨 일이 있어도 들고 걷고 싶어서 가지고 간다. 이 우산은 엄마가 옛날 처녀 시절에 사용했던 것이다. 재미있는 우산을 발견해서 나는 조금 의기양양했다. 이런 우산을 들고 파리의 거리를 거닐고 싶다. 틀림없이 지금의 이 전쟁이 끝났을 때는 이런 꿈을 지닌 듯한 고풍스러운 우산이 유행할 것이다. 이 우산에는 보닛 풍의 모자가 분명 어울린다. 분홍색의 긴 옷자락에 깃이 넓은 옷에 검은 비단 레이스로 짠 기다란 장갑을 끼고 커다란 차양이 넓은 모자에는

p.37 아름다운 보라색 제비꽃을 단다. 그렇게 하여 녹음이 짙을 때 파리의 레스토랑으로 점심을 먹으러 간다. 나른한 듯이 가볍게 턱을 괴고 거리를 지나가는 사람들의 물결을 보고 있으면 누군가가 살짝 내 어깨를 두드린다. 갑자기 음악이 흐른다. 장미의 왈츠. 아아, 웃긴다 우스꽝스럽다. 현실은, 이 오래 되어 바래고 괴상한 모양의, 손잡이가 가늘고 긴 우산 한 자루다. 내 자신이 비참하고 불쌍하다. 성냥팔이 소녀야. 어디 풀이라도 뜯으러 가자!

집을 나서는 길에 대문 앞에 있는 풀을 조금 뽑아서 엄마에게 근로봉사를 한다. 오늘은 뭔가 좋은 일이 있을지도 모른다. 같은 풀이라도 어째서 이렇게 쥐어뜯고 싶은 풀과 살짝 남겨 두고 싶은 풀 등 여러 가지가 있는 걸까? 귀여운 풀과 그렇지 않은 풀의 모

양은 조금도 다르지 않은데, 그래도

p.38 어째서 이렇게 애처로운 풀과 밉살스러운 풀로 딱 나뉘어져 있는 걸까? 논리적인 이론은 없다. 여자가 좋아하거나 싫어하는 것 따위는 상당히 엉터리라고 생각한다. 10분 동안의 근로봉사를 끝내고 서둘러 정거장으로 간다. 밭길을 지나가면서 자꾸 그림을 그리고 싶어진다. 도중에 신사의 숲 속 오솔길을 지나간다. 이 길은 나 혼자 찾아낸 지름길이다. 숲 속 오솔길을 걸으면서 문득 아래를 보니, 보리가 두 치 정도 여기저기 모여서 자라고 있다. 그 푸릇푸릇한 보리를 보고 있으면 '아아, 올해도 군인들이 왔구나'라고 알 수 있다. 작년에도 많은 군인들과 말이 찾아와서 이 신사의 숲 속에서 쉬어 갔다. 한참 지난 후에 그곳을 지나가 보니 보리가 오늘처럼

p.39 쑥쑥 자라 있었다. 하지만 그 보리는 더 이상 자라지 않았다. 올해도 군인들의 말 구유통에서 넘쳐 나와 가늘고 약하게 자란 이 보리는 — 이 숲은 이렇게 어둡고 햇빛이 전혀 들어오지 않기 때문에 — 불쌍하게도 이만큼만 자라고 죽어 버릴 것이다.

신사의 숲 속 오솔길을 빠져 나와 역 근처에서 노동자 네 다섯 명과 합류한다. 그 노동자들은 언제나 그랬듯이 입에 담기도 싫은 저속한 말을 나에게 내뱉기 시작한다. 나는 어떻게 하면 좋을지 망설이게 되었다. 그 노동자들을 앞질러 쑥쑥 앞으로 가 버리고 싶지만, 그렇게 하기 위해서는 노동자들 사이를 누비고 지나가면서 빠져나가야만 한다.

p.40 두렵다. 그렇다고 해서 잠자코 서서 노동자들을 먼저 보내고 한참 거리가 생길 때까지 기다리고 있는 것은 더더욱 담력이 필요한 일이다. 그것은 실례가 되는 일이기 때문에 노동자들은 화를 낼지도 모른다. 몸은 화끈거려 오고 눈물이 날 것 같았다. 나는 눈물이 날 것 같은 것이 창피해서 그 사람들을 향해 웃어 주었다. 그리고 천천히 그 사람들의 뒤를 따라 걸어갔다. 그때는 그뿐이었지만, 그 분함은 전철을 타고 난 후에도 사라지지 않았다. 이런 하찮은 일에 태연해질 수 있도록 빨리 강하고 깨끗해지고 싶었다.

p.41 전철 입구 바로 가까이에 빈 자리가 있었기 때문에 나는 그곳에 살짝 내 소지품을 놓고 치마의 주름을 살짝 고치고 앉으려고 했더니, 안경을 낀 남자가 벌써 내 소지품을 치우고 그 자리에 걸터앉아 버렸다.

"저-, 거기는 제가 발견한 자린데요."라고 했더니 남자는 쓴 웃음을 지으며 태연스럽게 신문을 읽기 시작했다. 잘 생각해 보면 어느 쪽이 뻔뻔한 건지 모르겠다. 내 쪽이

뻔뻔한 것일지도 모른다.

어쩔 수 없이 우산과 소지품을 그물 선반에 올려 놓고, 나는 손잡이에 매달려서 평소 처럼 잡지를 읽으려고 펄럭펄럭 한 손으로 페이지를 넘기고 있는 중에 엉뚱한 생각을 했다. 나에게서 책을 읽는다는 것을 빼 버린다면 이 경험 없는 나는 울상을 지을 것이다. 그만큼 나는

p.42 책에 쓰여 있는 것에 의지하고 있다. 한 권의 책을 읽고는 확 그 책에 몰입하여 신뢰하고 동화되고 공명하고 그 책에 생활을 밀착시켜 보는 것이다. 또, 다른 책을 읽으면 금새 확 바뀌어서 시치미를 뗀다. 남의 것을 훔쳐 와서 자기 것으로 확실하게 고쳐 만드는 재능은, 그 뻔뻔함은 나의 유일한 특기다. 정말로 이 뻔뻔함과 엉터리 같은 점은 내가 생각해도 싫어진다. 매일매일 실패에 실패를 거듭하여 큰 창피만 당하고 있다면 조금은 중후해질지도 모른다. 그렇지만 그런 실패조차도 어떻게든 억지로 구실을 붙여 잘 얼버무려서 제대로 된 듯한 이론을 짜내어, 고육지책의 연극 같은 것을 의기양양하게 할 것 같다. (이런 말도 어느 책에선가 읽은 적이 있다.)

p.43 정말로 나는 어느 것이 진짜 내 모습인지 모르겠다. 읽을 책이 없어져서 흉내를 낼 본보기가 아무것도 눈에 띄지 않게 되었을 때 나는 도대체 어떻게 할까? 어찌할 바를 모르고 위축된 모습으로 무턱대고 코만 풀고 있을지도 모른다. 어쨌든 전철 안에서 매일 이렇게 마음을 잡지 못하고 이것저것 생각하기만 해서는 안 된다. 몸에 불쾌한 미적지근함이 남아서 견딜 수가 없다. 뭔가 해야만 한다, 어떻게든 해야만 한다고 생각하지만 어떻게 하면 내 자신을 확실히 붙잡을 수 있는 걸까? 지금까지 해 온 나의 자기 비판 따위는 정말 의미가 없는 것이었다는 생각을 한다. 비판을 해 봐서 좋지 않은 점이나 약점을 눈치 채면 금방 그것에 쉽게 빠져서 위로하고, 교각살우의 우를 범하는 것은 좋지 않다는 결론을 내리기 때문에 비판이고 뭐고 제대로 될 리가 없다. 아무것도

p.44 생각하지 않는 것이 오히려 양심적이다.

이 잡지에도 '젊은 여자의 결점'이라는 제목으로 여러 사람이 글을 썼다. 읽고 있는 동안에 내 이야기를 하는 것 같은 느낌이 들어서 창피한 생각이 들기도 한다. 게다가 쓰는 사람에 따라 평소에 바보라고 생각하고 있는 사람은 그대로 바보 같은 느낌이 드는 말을 하고 있고, 사진으로 보고 멋쟁이라는 느낌이 드는 사람은 멋있는 말을 쓰고 있기 때문에 우스워서 가끔 킥킥 웃으면서 읽어 나간다. 종교가는 금방 신앙 이야기를 들먹이고, 교육가는 처음부터 끝까지 '은혜' '은혜'라고 쓰고 있다. 정치가는 한시를 들

먹인다. 작가는 잘난 체하며 세련된 말을 쓰고 있다. 우쭐거린다.

p.45 하지만 모두 상당히 확실한 것만 쓰여 있다. 개성이 없는 것. 깊은 뜻이 없는 것. 올바른 희망, 올바른 야심, 그런 것으로부터 멀리 떨어져 있는 것. 즉, 이상이 없는 것. 비판은 있어도 자기 생활에 직접 결부시키는 적극성이 없는 것. 반성이 없다. 진정한 자각, 자애, 자중이 없다. 용기 있는 행동을 해도 그 모든 결과에 대해서 책임을 질 수 있을지 없을지! 자기 주위의 생활양식에는 순응하며 이것을 처리하는 것에 능숙하지만 자신 및 자기 주위의 생활에 올바르고 강한 애정을 갖고 있지 않다. 진정한 의미의 겸손이 없다. 독창성이 결핍되어 있다. 모방뿐이다. 인간 본래의 '사랑'의 감각이 결여되어 버렸다. 고상한 척하면서도 기품이 없다. 그 밖에도 많은 것이 쓰여 있다. 정말로 읽고 있으면 깜짝 놀라는 일이 많다. 결코 부정할 수 없다.

p.46 그렇지만 여기에 쓰여 있는 말 전부가 왠지 낙관적인 이 사람들의 평소 마음과 동떨어져서 그냥 써 보았다는 듯한 느낌이 든다. '진정한 의미'라든가 '본래의'라든가 하는 형용사가 많이 있지만, '진정한' 사랑, '진정한' 자각이란 어떤 것인지 확실히 손에 잡힐 것처럼은 쓰여 있지 않다. 이 사람들은 알고 있을지도 모른다. 그렇다면 좀 더 구체적으로 단 한 마디 '오른쪽으로 가라', '왼쪽으로 가라'라고 단 한 마디 권위를 갖고 손가락으로 알려 주는 편이 얼마나 고마운지 모른다. 우리들은 사랑을 표현하는 방침을 잃어 버렸기 때문에 '저것도 안 된다', '이것도 안 된다'라고 말하지 말고 '이렇게 해라', '저렇게 해라'라고 강력하게 지시해 준다면 우리들은 모두 그대로 한다. 아무도 자신이 없는 것일까? 여기에 의견을 발표한 사람들도

p.47 언제나 어떤 경우에서도 이런 의견을 갖고 있는 것은 아닐지도 모른다. 올바른 희망, 올바른 야심을 갖고 있지 않다고 꾸짖을 수 있지만, 그렇다면 우리들이 올바른 이상을 좇아 행동했을 경우에 이 사람들은 어디까지라도 우리들을 지켜보고 이끌어 가 줄까?

우리들에게는 자신이 가야 할 최선의 장소, 가고 싶어 하는 아름다운 장소, 자신을 펼쳐 나가야 할 장소를 어렴풋이나마 알고 있다. 좋은 생활을 하고 싶다는 생각을 하고 있다. 그야말로 올바른 희망과 야심을 갖고 있다. 의지할 수 있을 만큼의 확고한 신념도 갖고 싶어서 초조해하고 있다. 그러나 이런 것 전부를 딸이라면 딸로서의 생활 위에 구현하려고 한다면 얼마나 노력이 필요한 걸까? 엄마, 아버지, 언니, 오빠들의 생각도 있다. (입으로는 낡아빠진 것이라는 둥

p.48 말하지만 결코 인생의 선배, 노인, 기혼자들을 경멸하고 있지는 않다. 그러기는커녕, 항상 두세 수 위일 거라는 생각을 하고 있다.) 줄곧 생활과 관계가 있는 친척이란 사람들도 있다. 지인도 있다. 친구도 있다. 그리고, 항상 커다란 힘으로 우리들을 밀어내는 '세상'이란 것도 있다. 이 모든 것들을 느끼고 보고 생각하면 자기 개성을 펼칠 상황이 못 된다. 그저 두드러지지 않게 많은 보통사람들이 지나가는 길을 묵묵히 나아가는 것이 가장 영리한 것 정도로 생각하지 않을 수 없다. 소수의 사람들에게 하는 교육을 전반적으로 실시하다니 매우 끔찍한 일이란 생각도 든다. 학교의 수신(修身)과 세상의 법도가 굉장히 다르다는 것을

p.49 점점 성장함에 따라 알게 되었다. 학교의 수신을 절대적으로 지키면 그 사람은 손해를 본다. 이상한 사람이란 말을 듣는다. 출세하지 못하고 항상 가난하다. 거짓말을 하지 않는 사람이 있을까? 있다면 그 사람은 영원히 패배자다. 내 친척 중에도 행실 바르게 확고한 신념을 갖고 이상을 추구하는, 그야말로 진정한 의미로 살아가고 있는 사람이 한 명 있지만, 친척들 모두 그 사람을 나쁘게 말한다. 바보 취급을 하고 있다. 나 같은 사람은 그런 바보 취급을 받아 패배할 것을 뻔히 알고 있으면서, 엄마와 다른 사람 모두에게 반대하면서까지 내 생각을 펼치는 일은 할 수 없다. 두려운 것이다. 어렸을 때는 나도 내 마음과 남의 마음이 완전히 달라져 버렸을 때는 엄마에게,

p.50 "왜?"라고 묻곤 했다. 그럴 때 엄마는 뭔가 한 마디로 정리하여 대답하면서 화를 내곤 했다. "나쁜 애구나, 불량소녀 같아."라며 엄마는 슬퍼하고 있었던 것 같다. 아버지에게 말한 적도 있다. 아버지는 그때 그저 아무 말도 하지 않고 웃고 있었다. 그리고 나중에 엄마에게 "중심에서 벗어난 아이군!"이라고 말씀하셨다고 한다. 점점 성장함에 따라 나는 무서워서 벌벌 떨게 되고 말았다. 옷 한 벌 만드는 데도 사람들의 평판을 생각하게 되고 말았다. 자신의 개성 같은 것을 사실은 몰래 사랑하고 있었지만, 사랑해 가고 싶다고는 생각하지만, 그것을 확실히 자기 것으로 체현하는 것은 두려운 것이다. 사람들이 착하다고 생각하는 딸이 되려고 항상 생각한다.

p.51 많은 사람들이 모였을 때 얼마나 내 자신이 비굴해질까? 입 밖에 내고 싶지도 않은 말을, 마음과 완전히 동떨어진 말을, 거짓말로 재잘재잘 떠들고 있다. 그렇게 하는 것이 득이다, 정말 득이라고 생각하기 때문이다. 정말 내키지 않은 일이다. 빨리 도덕이 확 바뀔 때가 왔으면 좋겠다고 생각한다. 그러면 이런 비굴함도, 또 자신을 위해서가 아니라, 남에게 좋은 평판을 얻기 위해 매일 땀을 뻘뻘 흘리면서 사는 일도 없어

질 것이다.

어? 저기, 자리가 비었네. 서둘러 선반에서 소지품과 우산을 내려 재빨리 끼어 앉는다. 오른쪽 자리에는 중학생, 왼쪽 자리에는 포대기에 아이를 업은 아주머니가 앉아 있다. 아주머니는 나이 먹은 주제에 짙은 화장을 하고 유행하는 스타일로 머리를 말아 올렸다. 얼굴이 예쁘긴 하지만 목 부분에 주름이 검게 잡혀 있어서 비참하고 한심스러운 마음에 때려 주고 싶을 정도로 싫었다. 인간은 서 있을 때와 앉아 있을 때 완전히 생각하는 것이 달라진다.

p.52 앉아 있으면 왠지 미덥지 못하고 무기력한 것만 생각한다. 내 맞은편 자리에는 같은 또래로 보이는 샐러리맨 네다섯 명이 멍하니 앉아 있다. 서른 살쯤 되었을까? 모두 싫다. 눈이 희미하게 흐려져 있다. 패기가 없다. 그렇지만 내가 지금 이 중 누군가 한 사람에게 싱긋 웃어 보이면 단지 그것만으로 나는 질질 이끌려서 그 사람과 결혼해야만 하는 지경에 빠질지도 모른다. 여자는 자기 운명을 결정하는데 한 번의 미소로 충분한 것이다. 두렵다. 이상할 정도이다. 조심해야겠다. 오늘 아침은 정말 이상한 것만 생각한다. 이삼 일 전부터 우리 집 정원을 손질하기 위해 와 있는 정원사의 얼굴이 눈에 어른거려서 어쩔 수가 없다. 어디까지나 정원사이지만 얼굴의 느낌이 정말 다르다. 과장되게 말하자면

p.53 사색가 같은 얼굴을 하고 있다. 얼굴이 검은 만큼 야무져 보인다. 눈이 괜찮다. 미간이 좁다. 코는 엄청나게 들창코이지만, 이 코가 또 검은 얼굴과 잘 어울려서 의지가 강해 보인다. 입술 모양도 꽤 괜찮다. 귀는 조금 더럽다. 손은 어떤가 하면, 그야말로 정원사의 손이지만 검은 소프트 모자를 깊숙이 눌러 쓴 그늘진 얼굴은 정원사로 두기에는 아까운 생각이 든다. 엄마에게 서너 번이나 "그 정원사 아저씨, 처음부터 정원사였을까?"라고 물었다가 끝내 혼나고 말았다. 오늘 소지품을 싸 가지고 온 이 보자기는 마침 저 정원사 아저씨가 처음 온 날에 엄마로부터 받은 것이다. 그날은 우리 집 대청소였기 때문에 부엌수리공과 장판가게 아저씨도 와 있었고,

p.54 엄마도 옷장을 정리하고 있었는데 그때 이 보자기가 나와서 내가 받았다. 예쁘고 여성스러운 보자기이다. 예뻐서 묶는 것이 아깝다. 이렇게 앉아서 무릎 위에 올려놓고 몇 번이고 슬쩍 봐 본다. 어루만진다. 전철 안에 있는 사람들 모두에게도 보여주고 싶지만 아무도 보지 않는다. 이 귀여운 보자기를 그저 잠깐 바라 봐 주기만 한다면 나는 그 사람에게 시집을 가기로 결정해도 좋다. 본능이라는 말에 부딪치니 울어 보고

싫어진다. 본능의 크기, 우리들의 의지로는 움직일 수 없는 힘, 그런 것이 나에게 가끔 일어나는 여러 가지 일을 통해 알게 되니 미칠 것 같은 기분이 된다. 어떻게 하면 좋을까 하고 멍해져 버린다. 부정도 긍정도 없다. 다만 아주 커다란 뭔가가 갑자기 털썩 머리 위로 덮친 것 같은 느낌이다. 그리고 나를 마음대로 질질 끌고 다니고 있다.

p.56 끌려다니면서 만족하고 있는 마음과 그것을 슬픈 마음으로 바라보고 있는 또 다른 감정! 왜 우리들은 자기만으로 만족하고 자기만을 평생 사랑해 나갈 수 없는 것일까? 본능이 지금까지의 내 감정과 이성을 잠식해 가는 것을 보는 것은 한심하다. 조금이라도 자신을 잊는 적이 있었던 후부터는 그저 실망해 버린다. 그런 자신에게도 이런 자신에게도 본능이 확실히 있다는 것을 알게 되는 것은 눈물이 복받치는 일이다. "엄마!, 아버지!"라고 불러 보고 싶어진다. 하지만 또 진실이란 것은 의외로 자신이 싫다고 생각하는 곳에 있는 것인지도 모르기 때문에 점점 한심하다는 생각이 든다.

p.57 벌써 오차노미즈 역이다. 플랫폼에 내려섰더니 왠지 모든 것을 깨끗이 잊고 있었다. 지금 지나간 것을 급히 되돌려 생각하려고 애썼지만 좀처럼 떠오르지 않는다. 그 다음을 생각하려고 조급하게 서둘렀지만 아무것도 생각할 것이 없다. 텅 비었다. 그때 가끔은 내 마음을 몹시 감동시킨 것도 있었던 것 같고, 괴롭고 부끄러운 일도 분명 있었을 텐데 지나가 버리면 아무것도 없었던 것과 전적으로 마찬가지다. 지금이라는 순간은 재미있다. '지금, 지금, 지금' 하고 손가락으로 누르고 있는 동안에도 '지금'은 먼곳으로 날아가 버리고 새로운 '지금'이 와 있다. 육교의 계단을 쿵쿵 올라가면서 "도대체 이게 뭐야?"라고 생각했다. 바보 같다. 나는 조금 너무 행복한 것일지도 모른다.

p.58 오늘 아침 코스기 선생님은 예쁘다. 내 보자기처럼 예쁘다. 아름다운 파란색이 잘 어울리는 선생님. 가슴에 단 진홍색 카네이션도 눈에 띈다. '인위적으로 만든다'는 것이 없었다면 더욱더 이 선생님을 좋아하겠지만, 너무 허세를 부린다. 어딘가 무리가 있다. 저렇게 하면 피곤할 것이다. 성격도 어딘가 이해하기 어려운 부분이 있다. 알 수 없는 부분을 많이 가지고 있다. 어두운 성격인데도 무리해서 밝게 보이려고 하는 부분도 보인다. 그러나 누가 뭐라고 해도 끌리는 여자다. 학교 선생님 같은 것을 시키기엔 아까운 생각이 든다. 교실에서는 이전만큼 인기가 없어졌지만 나 혼자만큼은 전과 마찬가지로 끌리고 있다. 산속 호반에 위치한 오래된 성에 살고 있는 귀한 아가씨 같은 느낌이 든다. 너무 칭찬했나 보다. 코스기 선생님의 이야기는 왜 항상 이렇게 딱딱한 것일까? 머리가 나쁜 게 아닐까? 슬퍼진다. 아까부터

p.59 애국심에 대해 장황하게 늘어놓는 설명을 듣고 있지만 그런 건 다 알고 있는 거잖아요? 어떤 사람에게도 자기가 태어난 곳을 사랑하는 마음은 있는데. 재미가 없다. 책상에 턱을 괴고 멍하니 창 밖을 바라본다. 바람이 강한 탓인지 구름이 아름답다. 마당 구석에 장미꽃이 네 송이 피어 있다. 노란색이 한 송이, 하얀색이 두 송이, 분홍색이 한 송이. 멍하니 꽃을 바라보면서 인간도 정말 좋은 점이 있다고 생각했다. 꽃의 아름다움을 발견한 것은 인간이고 꽃을 사랑하는 것도 인간이니까.

p.60 점심시간에는 귀신이야기가 나온다. 야스베에 언니가 들려주는 제일고등학교의 7대 불가사의 중의 하나인 '열리지 않는 문'에는 모두들 괴성을 지른다. 귀신이 갑자기 사라지는 식의 이야기가 아니라 심리적인 이야기라서 재미있다. 너무 소란을 피워서인지 금방 밥을 먹었는데도 벌써 배가 고파졌다. 당장 단팥빵 부인한테 캐러멜을 얻어먹는다. 그리고 나서 또 한바탕 공포이야기에 모두들 열중한다. 누구나 다 이 귀신이야기 같은 것에는 흥미가 샘솟는 모양이다. 하나의 자극일까? 그리고 이것은 괴담은 아니지만 쿠하라 후사노스케의 이야기는 너무 웃긴다.

p.61 오후 미술 시간에는 모두 교정으로 나가서 사생 수업을 한다. 이토 선생님은 왜 항상 나를 의미 없이 곤란하게 만드는 것일까? 오늘도 나에게 선생님 자신이 그리는 그림의 모델이 되라고 시켰다. 내가 오늘 아침에 들고 온 낡은 우산이 반 친구들의 대환영을 받아서 모두들 난리를 피우는 바람에 결국 이토 선생님도 알게 되어, 그 우산을 들고 교정 구석에 피어 있는 장미 옆에 서 있도록 시켰다. 선생님은 나의 이런 모습을 그려서 이번 전람회에 출품한다고 한다. 30분 동안만 모델이 되어 주기로 승낙한다. 조금이라도 남에게 도움이 되는 것은 기쁜 법이다. 하지만 이토 선생님과 둘이서 마주 보고 있으면 무척 피곤하다. 이야기가 치근덕거리는 데다 너무 말이 많고, 너무 나를 의식하고 있는 탓인지 스케치 하면서도 하는 이야기가 모두 내 이야기뿐이다.

p.62 대답하는 것도 귀찮고 번거롭다. 분명하지 않은 사람이다. 이상하게 웃기도 하고 선생님인 주제에 부끄러워하기도 하고, 어쨌든 개운치 않은 데에는 구역질이 날 것 같다.

"죽은 여동생 생각이 나네."라는 말은 참을 수가 없다. 사람은 좋은 사람인 것 같지만 제스처가 너무 많다.

제스처라고 하면 나도 뒤지지 않을 만큼 많이 가지고 있다. 게다가 내 제스처는 뻔뻔하고 약삭빠르게 처신하는 것이다. 정말 맘에 거슬려서 처치 곤란하다. "나는 너무 허세가 많아서 허세에 질질 끌려 다니고 있는 거짓말쟁이 도깨비야."라는 말을 하는데, 이것이 또 하나의 허세이기 때문에 꼼짝할 수가 없다. 이렇게 얌전히 선생님의 모델이 되어 드리면서도 절실히 '자연스러워지고 싶다, 솔직해지고 싶다.'라고 기도하고 있는 것이다. 책 같은 건 그만 읽어라.

p.64 관념만으로 살면서 무의미하고 오만하게 아는 척하다니 정말 경멸한다. 거참, 생활의 목표가 없다는 둥, 좀 더 생활과 인생에 적극적이 되면 된다는 둥, 자신에게는 모순이 있다는 둥 어떻다는 둥의 생각을 자꾸 하기도 하고 고민도 하는 모양이지만 너는 감상뿐이야. 자신을 귀여워하고 위로하고 있을 뿐이야. 그리고 자신을 상당히 높이 평가하고 있어. 아아, 이렇게 마음이 지저분한 나를 모델로 했으니 선생님의 그림은 틀림없이 낙선이다. 아름다울 리가 없다. 못된 생각이지만 이토 선생님이 바보처럼 보여서 어떻게 할 수가 없다. 선생님은 내 속옷에 장미꽃 자수가 있는 것조차 모른다.
잠자코 같은 자세로 서 있었더니 몹시 돈이 갖고 싶어진다. 10엔만 있으면 좋겠는데. '퀴리 부인'을 제일 읽고 싶다. 그리고 문득 엄마가 오래 살았으면 좋겠다고 생각한다. 선생님의 모델을 하고 있으면 이상하게 힘들다. 녹초가 되었다.

p.65 방과 후에는 절 집 딸인 킨코와 함께 몰래 할리우드에 가서 머리 손질을 받는다. 완성된 머리를 봤더니 부탁한 대로 되지 않아서 실망이다. 어떻게 봐도 나는 조금도 귀엽지 않다. 한심한 생각이 들었다. 몹시 풀이 죽어 버렸다. 이런 곳에 와서 몰래 머리 손질을 받다니, 굉장히 불결한 한 마리의 암탉인 것 같은 기분조차 들어서 지금은 절실하게 후회한다. 우리들이 이런 곳에 오다니, 자기 자신을 경멸하고 있는 것이라고 생각했다. 절 집 아이는 들떠서 난리다.

"이대로 선 보러 갈까?"라고 난폭한 말을 꺼내고는 금새 왠지 자기 자신이 정말 선을 보러 가기로 정해져 버린 것 같은 착각을 일으킨 것처럼,

"이 머리에는 어떤 색깔의 꽃을 꽂으면 좋을까?"라든가 "기모노를 입을 때 띠는 어떤 게 좋을까?"라며 진심으로 선을 보러 가는 것 같은 행동을 하기 시작한다.

p.66 정말 아무 생각도 하지 않는 귀여운 아이.

"어떤 사람하고 선을 보는데?"라고 나도 웃으면서 물었더니,

"떡집은, 떡집이 최고니까 말이야."라고 시침을 떼며 대답했다. 그게 무슨 뜻이냐며 나도 조금 놀라서 물어보았더니, 절 집 딸은 "절로 시집가는 것이 제일 좋아, 평생 먹는 걱정 안 하니까."라고 대답하여 또 나를 놀라게 했다. 킨코는 별난 성격이 전혀 없는

데다가 여성스러움으로 가득 찬 아이다. 학교에서 내 옆자리에 앉는다는 것만으로, 그렇게 내가 친근하게 대해주고 있는 것도 아닌데, 절 집 아이 쪽에서는 나를 자기와 제일 친한 친구라고 모두에게 말한다. 귀여운 여자아이다. 이틀에 한 번 편지를 보내기도 하고 왠지 모르게 잘 보살펴 주기도 해서 고맙기는 하지만, 오늘은 너무 과장되게 들떠 있어서

p.67 나도 정말이지 싫어졌다. 절 집 딸과 헤어지고 버스를 타 버렸다. 왠지 자꾸 우울하다. 버스 안에서 불쾌한 여자를 보았다. 옷깃이 더러워진 기모노를 입고 덥수룩한 빨간 머리카락을 빗 하나에 돌돌 감고 있다. 손과 발도 더럽다. 게다가 남자인지 여자인지 모를 것 같은 뚱한 검붉은 얼굴을 하고 있다. 게다가 아아, 속이 울렁거린다. 그 여자는 배가 크다. 때때로 혼자서 씩 웃고 있다. 암탉이다. 몰래 머리 손질을 하러 할리우드 같은 곳에 가는 나 역시 이 여자와 조금도 다르지 않다. 오늘 아침 전철에서 옆자리에 앉았던 짙은 화장을 한 아줌마도 생각난다. 아아, 너무 더럽다. 여자는 싫다. 내가 여자인 만큼 여자 안에 있는 불결함을 잘 알기 때문에 이가 갈릴 정도로 싫다.

p.68 금붕어를 만진 후에 풍기는 그 참을 수 없는 비린내가 내 몸에 가득히 배어 있는 것 같아서, 씻어도 씻어도 냄새가 가시지 않는 것 같고, 이렇게 하루하루 내 자신도 암컷 냄새를 발산하게 되어가는 것이라고 생각하면 — 또 짐작 가는 것도 있기 때문에 — 차라리 이대로 소녀인 채로 죽고 싶어진다. 문득 병에 걸리고 싶다는 생각이 든다. 아주 심각한 병에 걸려 땀을 폭포처럼 흘려서 삐쩍 마른다면 나도 완벽하게 청정해질 수 있을지도 모른다. 살아 있는 한은 도저히 피할 수 없는 것일까? 진정한 종교의 의미도 조금 알게 된 것 같은 생각이 든다.

p.69 버스에서 내리자 조금 안심이 되었다. 아무래도 차를 타는 것은 좋지 않다. 공기가 미적지근해서 견딜 수가 없다. 땅은 좋다. 흙을 밟으며 걷고 있으면 내 자신을 좋아하게 된다. 정말 난 좀 덜렁댄다. 만사가 태평한 아이다. '어서어서 돌아가자. 뭘 보고 돌아갈까? 밭에 있는 양파를 보고 또 보며 돌아가자, 개구리가 우니까 돌아가자.' 라고 작은 소리로 노래를 불러 보며, 얘는 어쩜 이렇게 성격이 느긋한 아이일까라는 생각에 나 스스로도 답답해져서 키만 큰 이런 요괴 같은 자신이 미워진다. 멋진 아가씨가 되려고 생각했다.

이 집으로 돌아가는 시골길은 매일매일 너무나 눈에 익숙해져 있어서 얼마나 조용한 시골인지 알 수 없게 되고 말았다.

p.70 그저 나무, 길, 밭만 있기 때문이다. 오늘은 한번 다른 곳에서 이 시골로 처음 찾아온 사람의 흉내를 내 봐야겠다. 나는 칸다 근처에 있는 나막신가게의 딸로, 태어나서 처음으로 교외의 땅을 밟는 것이다. 그렇다면 이 시골은 도대체 어떻게 보일까? 훌륭한 생각이다. 불쌍한 생각이다. 나는 정색한 얼굴 표정을 지으며 일부러 과장되게 두리번거려 본다. 작은 가로수 길을 내려갈 때는 뒤돌아서 푸릇푸릇한 나뭇가지들을 바라보며 "어머나!"라고 작게 외쳐 보기도 하고, 흙다리를 건널 때는 잠시 냇물을 들여다보며 물을 거울 삼아 얼굴을 비추고 '멍멍'하고 개 흉내를 내어 짖어 보기도 하고, 멀리 보이는 밭을 바라볼 때는 눈을 가늘게 뜨고 황홀한 표정을 지으며 "참 좋다!"라고 중얼거리고는 한숨을 쉰다. 신사에서는 또 잠시 쉰다.

p.71 신사의 숲 속은 어둡기 때문에 당황하여 일어서며 '아이, 무서워라!'라고 하고는 어깨를 조금 움츠리며 허겁지겁 숲을 빠져 나와 숲 바깥의 환한 빛에 일부러 놀란 듯한 표정을 지으며 '여러 가지 새로운 것을 해 봐야겠다'고 마음먹고 생각에 몰두하여 시골길을 걷고 있는 동안에 왠지 견딜 수 없이 서글퍼졌다. 결국에는 길가의 초원에 털썩 주저앉아 버렸다. 풀 위에 앉았더니 그만 방금까지 들떠 있던 기분이 뚝 하는 소리를 내며 사라지고 차분히 가라앉은 듯 진지해지고 말았다. 그리고는 요즘의 내 자신에 대해 조용히 그리고 천천히 생각해 보았다. 왜 요즘의 내가 이 모양인가? 어째서 이렇게 불안한 것일까? 언제나 뭔가에 겁을 먹고 떨고 있다. 얼마 전에도 누군가에게 들었다. "넌 점점 저속해지고 있어."

p.72 그럴지도 모른다. 나는 분명 못된 아이가 되었다. 쓸모 없게 되었다. '안 돼 안 돼. 너무 나약해.' 느닷없이 큰 소리가 확 튀어나올 것 같았다. 흥, 그렇게 소리 지른 정도로 내 자신의 못난 점을 숨겨서 얼버무리려고 해도 소용없을 것이다. 좀 더 어떻게든 변해라! 나는 사랑을 하고 있는 것일지도 모른다. 푸른 초원에 아무렇게나 벌렁 누워뒹굴며 하늘을 올려다 보았다.

"아버지!" 하고 불러 본다. 아버지! 아버지! 저녁노을이 진 하늘은 아름답습니다. 그리고 저녁 안개는 분홍빛이다. 석양빛이 안개 속으로 녹아 스며들어서 안개가 이렇게 부드러운 분홍빛이 되었겠죠. 그 분홍빛 안개가 천천히 움직여서 나무 숲 사이로 기어들어가기도 하고, 길 위를 걷기도 하고, 초원을 어루만지기도 하고, 그리고는 내 몸을 부드럽게 감싸버립니다. 분홍색 빛은 내 머리카락 한 올 한 올까지

p.73 살짝 희미하게 비추고는 부드럽게 어루만져 줍니다. 그보다도 이 하늘은 아

름답다. 이 하늘에게는 내가 태어나서 처음으로 머리를 숙이고 싶습니다. 나는 지금 신을 믿습니다. 이것은, 이 하늘색은 뭐라고 부르는 색일까? 장미? 불? 무지개? 천사의 날개? 대 사원? 아니다, 그런 게 아니다. 더더욱 신비롭다.

"모두를 사랑하고 싶어."라고 눈물이 나올 정도로 생각했습니다. 가만히 하늘을 보고 있으면 점점 하늘이 변해 갑니다. 점점 푸른빛을 띠어 갑니다. 그저 한숨만 나오고 알몸이 되어 버리고 싶어졌습니다. 그리고, 지금만큼 나뭇잎과 풀이 투명하고 아름답게 보인 적도 없습니다. 살짝 풀을 만져 보았습니다.

아름답게 살고 싶다는 생각을 합니다.

p.75 집에 돌아와 보니 손님이 와 있다. 엄마도 벌써 집에 와 계신다. 여느 때와 마찬가지로 뭔가 시끌벅적한 웃음소리가 난다. 엄마는 나하고 둘만 있을 때는 얼굴이 아무리 웃고 있어도 소리를 내지 않는다. 하지만 손님과 이야기를 하고 있을 때는 얼굴은 조금도 웃지 않고 소리만 가늘고 높게 내어 웃고 있다. 인사를 하고 곧 뒤로 돌아가서 우물가에서 손을 씻고 양말을 벗고 발을 씻고 있었더니 생선장수가 와서 "오래 기다리셨습니다. 항상 이용해 주셔서 감사합니다."라며 커다란 생선 한 마리를 우물가에 놓고 갔다. 무슨 생선인지 모르겠지만 비늘이 작은 걸 보니 홋카이도에서 잡은 것 같은 느낌이 든다. 생선을 접시에 옮기고 또 손을 씻고 있었더니 홋카이도의 여름 냄새가 났다. 재작년 여름방학 때 홋카이도에 사는 언니 집에 놀러 갔을 때의 일이 생각난다. 토마코마이에 있는 언니네 집은 해안에 가깝기 때문에 줄곧 생선 냄새가 났었다. 언니가

p.76 그 집의 휑하니 넓은 부엌에서 저녁에 혼자 하얗고 여성스러운 손으로 능숙하게 생선을 요리하고 있었던 모습도 선명하게 기억난다. 나는 그때 무슨 이유에서인지 언니에게 어리광을 부리고 싶어서 견딜 수 없을 만큼 애태웠지만, 언니에게는 그때 벌써 토시도 태어나고 해서 이미 언니는 내 것이 아니었기 때문에, 그 사실을 생각하면 쌩 하고 찬바람이 느껴져 도저히 언니의 가는 어깨에 안길 수가 없어서 죽을 만큼 외로운 기분으로 계속 그 어두컴컴한 부엌 구석에 선 채 정신이 아찔해질 정도로 언니의 부드럽게 움직이는 하얀 손끝을 지켜보고 있었던 일도 생각난다. 지나간 일은 전부 그립다. 혈육이란 것은 불가사의한 것이다. 남이라면 멀리 헤어지면 점차 희미하게 잊혀져 가는 것인데, 혈육은 더욱더 그립고 아름다운 것만 생각나니까 말이다.

p.77 우물가의 수유나무 열매가 불그스레한 색을 띠고 있다. 이제 2주일만 지나면 먹을 수 있게 될지도 모른다. 작년에는 이상했다. 내가 저녁에 혼자서 수유나무 열매

를 따서 먹고 있었는데, 재피가 가만히 보고 있길래 불쌍해서 한 개 주었다. 그랬더니 재피가 먹어 버렸다. 또 두 개 주었더니 먹었다. 너무 재미있어서 이 나무를 흔들어서 툭툭 떨어뜨렸더니 재피가 정신 없이 먹기 시작했다. 바보 같은 녀석! 수유나무 열매를 먹는 개는 처음 본다. 나도 발돋움을 해서 수유 열매를 따 먹고 있다. 재피도 밑에서 먹고 있다. 우스꽝스러웠다. 그 일을 떠올렸더니 재피가 보고 싶어서,

"재피!" 하고 불렀다.

p.78 재피는 현관 쪽에서 눈치를 채고 달려 왔다. 갑자기 깨물어 주고 싶을 만큼 재피가 귀여워져서 꼬리를 세게 붙잡았더니 재피는 내 손을 가볍게 물었다. 눈물이 나올 것 같은 기분이 들어서 머리를 때려 준다. 재피는 아무렇지도 않게 우물가의 물을 소리를 내면서 마신다.

방에 들어오니 밝게 전등이 켜져 있다. 쥐 죽은 듯이 조용하다. 아버지는 없다. 역시 아버지가 없으면 집안에 어딘가 커다란 빈자리가 덩그렇게 남아 있는 것 같은 생각이 들어서 몸부림치고 싶어진다. 기모노로 갈아입고 벗어 버린 속옷의 장미꽃 자수에 예쁘게 키스를 하고 나서 경대 앞에 앉았더니, 손님방 쪽에서 엄마와 손님들의 웃음소리가 갑자기 크게 들려서 난 왠지 화가 치밀어 올랐다. 엄마는 나와 단둘이만 있을 때는 괜찮지만 손님이 왔을 때는 이상하게 나한테서 멀어져 차갑고 서먹서먹하게 대하는데, 나는 그런 때 가장 아버지가 그리워서 슬퍼진다.

p.79 거울을 들여다보니 내 얼굴은 "어? 이상하네."라고 생각할 만큼 생기가 있다. 얼굴은 다른 사람이다. 내 자신의 슬픔과 괴로움 같은 그런 기분과는 전혀 관계없이 별개로 자유롭게 생생하다. 오늘은 볼연지도 안 발랐는데 이렇게 볼이 빨갛고, 게다가 입술도 작고 빨갛게 빛나서 귀엽다. 안경을 벗고 살짝 웃어 본다. 눈이 무척 예쁘다. 새파랗고 맑다. 아름다운 저녁 하늘을 오랫동안 바라보아서 이렇게 예쁜 눈이 된 것일까? 참 잘된 일이다.

조금 기분이 들떠 부엌으로 가서 쌀을 씻고 있는 사이에 또 슬퍼지고 말았다. 전에 살던 코가네이의 집이 그립다. 가슴이 타 들어갈 정도로 그립다. 그 좋은 집에는 아버지도 있었고 언니도 있었다. 엄마도 젊었었다. 내가 학교에서 돌아오면 엄마와 언니가 뭔가 재미있게 부엌이나 거실에서 이야기를 하고 있다. 간식을 받고

p.80 한바탕 두 사람에게 어리광을 부리기도 하고, 언니에게 싸움을 걸기도 하고 나서는 항상 엄마한테 꾸중을 듣고 밖으로 뛰쳐나가 멀리멀리 자전거를 타고 간다. 저

녁에는 집으로 돌아와서 즐겁게 저녁밥을 먹는다. 정말 즐거웠다. 내 자신을 주시하거나 불결하게 인간관계가 삐걱거리는 일도 없이 그냥 어리광만 부리고 있으면 되었다. 나는 얼마나 커다란 특권을 누리고 있었던 것일까? 게다가 아무렇지도 않게. 걱정도 없고 외로움도 없고 괴로움도 없었다. 아버지는 훌륭하고 좋은 분이었다. 언니는 다정해서 나는 항상 언니에게 의지하기만 했었다. 하지만 조금씩 성장함에 따라 가장 먼저 내 자신이 역겨워지고 나의 특권은 어느 사이엔가 없어져 벌거숭이가 되어 너무 보기 흉했다. 조금도 남에게 어리광을 부릴 수 없게 되어 골똘히 생각하기만 했더니 괴로운 일만 많아졌다.

p.81 언니는 시집을 가 버렸고 아버지도 이제 없다. 딱 엄마와 나 단둘이 되어 버렸다. 엄마도 외로운 일뿐이실 것이다. 얼마 전에도 엄마는 "이제 앞으로는 사는 즐거움이 없어져 버렸어. 너를 봐도 난 사실 별로 즐거움을 못 느낀단다. 용서해다오. 행복도 아버지가 안 계시면 오지 않는 편이 좋아."라고 말씀하셨다. 모기가 나오면 문득 아버지를 떠올리고, 옷 솔기를 뜯으면 아버지를 떠올리고, 손톱을 자를 때도 아버지를 떠올리고, 차가 맛있을 때도 꼭 아버지를 떠올린다고 한다. 내가 아무리 엄마의 마음을 위로하고 말벗이 되어 드려도 역시 아버지하고는 다른 것이다. 부부애라는 것은 이 세상에서 가장 강력한 것으로 혈육의 사랑보다도 고귀한 것임에 틀림없다. 건방진 생각을 했기 때문에

p.82 혼자서 얼굴이 빨개져서 나는 젖은 손으로 머리카락을 쓸어 올린다. 쌀을 박박 씻으면서 나는 엄마가 귀엽고 애처로워져서 잘 모셔야겠다고 진심으로 생각한다. 이런 웨이브를 넣은 머리 따윈 당장 풀어 버리고 머리카락을 더 길게 길러야겠다. 엄마는 예전부터 내 머리가 짧은 것을 싫어하고 계셨기 때문에 아주 길게 길러서 단정하게 묶어서 보여 드리면 기뻐할 것이다. 하지만 그렇게까지 해서 엄마를 위로하는 것도 싫다. 역겹다. 생각해 보면 요즘 내가 안절부절 못하는 것은 엄마와 상당히 관계가 있다. 엄마의 마음에 쏙 드는 착한 딸이고 싶지만, 그렇다고 해서 이상하게 비위를 맞추는 것도 싫다. 아무 말 하지 않아도 엄마가 내 마음을 잘 헤아려서 안심하고 계신다면 가장 좋은 것이다.

p.83 내가 아무리 제멋대로라도 결코 세간의 웃음거리가 될 것 같은 일은 하지 않을 것이고, 괴로워도 외로워도 중요한 것은 확실하게 지키며, 엄마와 이 집 모두를 너무 너무 사랑하고 있기 때문에 엄마도 나를 절대적으로 믿고 그저 느긋하게 계신다면

그것으로 충분한 것이다. 나는 틀림없이 훌륭하게 해낼 것이다. 분골쇄신하여 노력할 것이다. 그것이 지금의 나에게 있어서도 가장 큰 기쁨이고 살아갈 길이란 생각을 하고 있음에도 엄마는 조금도 나를 신뢰하지 않고 아직도 어린애 취급을 하고 있다. 내가 어린애 같은 말을 하면 엄마는 기뻐하고, 얼마 전에도 내가 일부러 바보같이 우쿨렐레를 꺼내어 띵까띵까 치면서 떠들어대며 노는 모습을 보였더니, 엄마는 진심으로 기쁜 듯이,

p.84 "어머, 비가 오나? 빗방울 소리가 들리네?"라고 시치미를 떼고 말하며 나를 놀리고, 내가 정말로 우쿨렐레 같은 것에 빠져 있다는 생각을 하고 있는 것 같은 모양이기에, 나는 비참해서 울고 싶어졌다. 엄마, 나는 이제 어른이란 말이에요. 세상일 뭐든지 알고 있단 말이에요. 안심하고 나한테 무엇이든 의논해 주세요. 우리 집 형편 같은 것도 나에게 모두 털어놓고 '이런 형편이니까 너도 알아 두거라.'라고 말씀해 주신다면 난 결코 구두 같은 거 사 달라고 조르지 않겠어요. 야무지고 매우 검소한 딸이 될게요. 정말 내 말은 확실한 거예요. 그런데도. '아아, 그런데도'라는 노래가 있었던 것을 떠올리며 혼자서 킥킥 웃고 말았다. 정신을 차려 보니, 나는 멍하니 냄비에 양손을 담근 채 바보처럼 이것저것 생각하고 있었던 것이다.

p.85 내 정신 좀 봐, 안 되는데. 손님께 빨리 저녁 식사를 해 드려야 하는데. 아까 받은 큰 생선은 어떻게 하지? 어쨌든 배를 가르고 뼈를 발라내서 된장에 담가 놓기로 해야겠다. 그렇게 해서 먹으면 틀림없이 맛있을 거야. 요리는 전부 감으로 해야 하는 거야. 오이가 조금 남아 있으니까 그걸로 오이초무침을 만들어야겠다. 그리고 내가 제일 잘하는 계란 프라이. 그리고 한 가지 더 만들어야 하는데. 아, 그렇지. 로코코 요리로 해야겠다. 이 요리는 내가 생각해 낸 것이다. 접시 하나하나에 각각 햄과 달걀, 파슬리, 양배추, 시금치, 부엌에 남아 있는 것을 모조리 울긋불긋하고 아름답게 배합시켜서 솜씨 좋게 담아내는 것으로, 손이 많이 안 가서 경제적이며 조금도 맛있지는 않지만 식탁은 꽤 풍성하고 화려해지니까 왠지 대단히 호화스러운 진수성찬처럼 보이는 것이다.

p.86 달걀 뒤에 파란 파슬리, 그 옆에 햄의 빨간 산호초가 살짝 얼굴을 내밀고 있고, 양배추의 노란 잎은 모란의 꽃잎처럼 부채 모양의 새 깃털처럼 접시에 깔리고, 초록빛이 넘쳐흐르는 시금치는 목장인지 호수인지. 이런 접시가 두세 개나 식탁에 놓여지게 되면 손님은 뜻하지 않게 루이 왕조를 떠올린다. 설마 그 정도는 아니겠지만 어차피 난 맛있는 진수성찬 같은 건 못 만들기 때문에 최소한 모양만이라도 아름답게 하여 손님

을 현혹시켜서 얼버무려 버리는 것이다. 요리는 겉모양이 첫째다. 대개 그것으로 얼버무릴 수 있습니다. 하지만, 이 로코코 요리에는 상당한 미술적 재능이 필요하다. 색채의 배합에 대해 남보다 훨씬 더 민감하지 않으면 실패한다. 적어도 나 정도의 섬세함이 없으면 안 된다.

p.88 로코코라는 말을 요전에 사전에서 찾아 보았더니 '화려한 외관만 있고 내용이 빈약한 장식 양식'이라고 정의되어 있어서 웃고 말았다. 명답이다. 아름다움에 내용 따위가 있다는 것이 말이 되나? 순수한 아름다움은 언제나 무의미하고 부도덕하다. 반드시 그런 것이다. 그래서 나는 로코코를 좋아한다.

늘 그렇지만 나는 요리를 하며 이것저것 맛을 보는 사이에 왠지 엄청난 허무에 빠진다. 죽을 만큼 피곤하고 음울해진다. 모든 노력의 포화상태에 빠지는 것이다. "에잇! 이제 정말, 뭐면 어때? 아무려면 어때?" 하는 마음이 된다. 마침내는 "에이!" 하고 자포자기가 되어 맛이고 겉모양이고 엉망진창으로 내던지고 건성으로 대강 만들어 버리고, 정말 기분 나쁜 표정을 지으며 손님에게 내놓는다.

p.89 오늘 손님은 특히 우울하다. 오모리에 사는 이마이다 씨 부부에다가 올해 일곱 살 난 요시오가 왔다. 이마이다 씨는 벌써 마흔 살 가까운데도 호남처럼 얼굴이 하얘서 역겹다. 왜 시키시마 같은 걸 피우는 것일까? 필터가 없는 담배가 아니면 왠지 불결한 느낌이 든다. 담배는 필터가 없는 것이 최고다. 시키시마 같은 걸 피우고 있으면 그 사람의 인격까지 의심스러워진다. 일일이 천장을 향해서 연기를 내뿜으며 "후~ 후~ 역시 맛있군!" 같은 말을 하고 있다. 지금은 야학의 선생님을 하고 있다고 한다. 부인은 몸집이 작고 침착하지 못하며, 게다가 천박하다. 아무것도 아닌 일에도 얼굴을 바닥에 붙이듯이 하고 몸을 비비 꼬아서 자지러지게 웃는다. 뭐가 그리 우스운 건지!

p.90 그렇게 과장되게 포복절도하는 것이 어딘가 고상한 것인 양 착각하고 있는 것이다. 요즘 세상에 이런 계급의 사람들이 가장 나쁜 것이 아닐까? 가장 더럽다. 소시민이라고나 할까? 말단 관리라고나 할까? 아이 역시 이상하게 되바라져서 순수하고 활기찬 모습이 조금도 없다. 그렇게 생각하고 있으면서도 나는 그런 마음을 모두 억누르고 절을 하기도 하고 웃기도 하고 이야기를 하기도 하고, 요시오를 너무 귀엽다고 하면서 머리를 쓰다듬어 주기도 하며, 완전히 거짓말을 해서 모두를 속이고 있으니 이마이다 씨 부부 같은 사람도 아직 나보다는 청순할지도 모른다. 손님 모두 나의 로코코 요리를 먹고 내 솜씨를 칭찬해 주어서, 나는 쓸쓸하기도 하고 화가 나기도 하여 울고 싶은 기분이지만, 그래도

p.91 애써 기쁜 듯한 표정을 해 보이며 결국 나도 같이 앉아서 밥을 함께 먹었지만, 이마이다 씨 부인의 끈질기고 무지한 아첨에는 역시 속이 메스꺼워서 '좋아, 이제 거짓말은 하지 말아야겠다.'라고 굳은 표정으로,

"이런 요리 조금도 맛있지 않습니다. 아무것도 없어서 제가 궁여지책으로 만든 요리입니다."라고 나는 있는 그대로 사실을 말했는데도, 이마이다 씨 부부는 "궁여지책이라니요? 정말 말도 잘 하네."라며 손뼉을 치기라도 할듯이 재미있게 웃는 것이다.

나는 분해서 젓가락과 밥그릇을 내던지고 소리 높여 크게 울어 버리려고 생각했다. 꾹 참고서 억지로 히죽히죽 웃어 보였더니 엄마까지도,

p.92 "이 아이도 점점 쓸모 있게 됐어요."라고 엄마는 나의 슬픈 마음을 제대로 알고 있으시면서도 이마이다 씨의 기분을 맞춰 주기 위해 그런 쓸데없는 말을 하며 호호하고 웃었다. 엄마, 그렇게까지 해서 이런 이마이다 씨 같은 사람의 비위를 맞출 필요는 없어요. 손님을 대하고 있을 때의 엄마는 엄마가 아니다. 그저 약한 여자일 뿐이다. 아버지가 죽었다고 해서 이렇게까지 비굴해지는 것일까? 한심해져서 아무 말도 하지 못하게 되고 말았다. '돌아가세요! 제발 돌아가세요! 우리 아버지는 훌륭한 분이세요. 인자하고 인격이 고상한 분이에요. 아버지가 없다고 해서 그렇게 우리들을 깔본다면

p.93 지금 당장 돌아가세요!' 정말이지 이마이다 씨에게 그렇게 말해 주려고 생각했다. 그래도 나는 역시 나약한 인물이라 요시오에게 햄을 잘라 주기도 하고 부인에게 반찬을 집어 주기도 하며 봉사를 한다.

식사가 끝나고 나서 나는 바로 부엌으로 들어가서 설거지를 시작했다. 빨리 혼자 있고 싶었기 때문이다. 아무것도 고상한 척하는 것은 아니지만, 저런 사람들과 더 이상 억지로 이야기를 맞추거나 같이 웃거나 할 필요도 없는 것처럼 생각된다. 저런 자한테도 예의를, 아니아니, 알랑방귀를 뀔 필요 따위 절대로 없다. 싫다. 이제 더는 싫다. 나는 노력할 수 있을 만큼은 노력한 것이다.

p.94 엄마도 오늘 내가 꾹 참고 붙임성 있게 대한 태도를 기쁜 듯이 보고 있지 않았는가? 그만큼이라도 하면 된 것일까? 강력하게 '세상의 사교는 사교, 내 자신은 내 자신'이라고 확실히 구별해 놓고 척척 기분 좋게 상황에 대응하여 처리해 가는 편이 좋을지, 아니면 남에게 욕을 먹더라도 항상 자기 자신을 잃지 않고, 자기 본심을 감추지 않고 가는 편이 좋을지, 어느 쪽이 좋은 건지 모르겠다. 평생 내 자신과 마찬가지로 약하고 상냥하고 따뜻한 사람들 속에서만 살아갈 수 있는 신분의 사람이 부럽다. 고생 따위,

고생하지 않고 평생을 지낼 수 있다면 일부러 사서 고생할 필요 따위 없다. 그렇게 하는 편이 좋은 것이다.

p.95 자기 감정을 억누르고 남을 위해 애쓰는 것은 분명 좋은 일임에 틀림없지만, 앞으로 매일 이마이다 씨 부부 같은 사람들에게 억지로 웃어 주거나 맞장구를 쳐야만 한다면 나는 미쳐 버릴지도 모른다. '나 같은 사람은 도저히 감옥에 들어갈 수가 없구나.'라고 문득 우스운 일을 생각한다. 감옥은커녕 식모도 될 수 없다. 아내도 될 수 없다. 아니, 아내의 경우는 다르다. 이 사람을 위해 평생을 바친다라고 확실히 각오가 되어 있다면, 아무리 괴로워도 얼굴이 새까맣게 타도록 일해서 충분히 사는 보람이 있으니까 희망이 있으니까 나도 훌륭하게 할 수 있다. 당연한 일이다. 아침부터 저녁까지 쉬지 않고 바쁘게 일해 줄 것이다. 쉴 새 없이 빨래를 한다. 빨랫감이 많이 쌓였을 때만큼 불쾌한 것이 없다. 안절부절 못하고 히스테리가 된 것처럼 안정이 안 된다.

p.96 죽어도 편안히 죽을 수 없을 것 같은 생각이 든다. 빨랫감을 하나도 남기지 않고 전부 다 빨아서 빨랫줄에 널 때, 나는 이제 이대로 언제 죽어도 좋다고 생각한다.

이마이다 씨가 댁으로 돌아가신다. 뭔가 일이 있다고 하며 엄마를 데리고 나가 버린다. 순순히 따라가는 엄마도 엄마고, 이마이다 씨가 여러 모로 엄마를 이용하는 것이 이번 뿐만은 아니지만, 이마이다 씨 부부의 뻔뻔함이 너무 싫어서 두들겨 패고 싶은 생각이 든다. 문 앞까지 손님 모두를 배웅하고 나서 혼자 멍하니 땅거미 지는 저녁 길을 바라보고 있었더니 울어 보고 싶어진다. 우편함에는 석간신문과 편지가 두 통 들어 있다. 한 통은 엄마에게 온 것으로, 마츠자카 상점에서 여름용품 판매 개시를 알리는 안내장이다. 나머지 한 통은 나에게 온 것으로, 사촌인 준지가 보낸 것이다. '이번에 마에바시 연대로 전출가게 되었습니다.

p.97 엄마에게 안부 전해 주세요.'라는 내용의 간단한 통지이다. 장교라고 할지라도 그다지 근사한 삶의 이야기 같은 건 기대할 수 없겠지만, 그래도 매일매일 엄격하게 낭비 없이 생활하는 그 규율이 부럽다. 항상 몸이 규칙적으로 정해져 있기 때문에 기분상으로 마음은 편할 것이라고 생각한다. 나처럼 아무것도 하기 싫다면 차라리 아무것도 하지 않아도 되고, 아무리 나쁜 일이라도 할 수 있는 상황에 놓여져 있고, 또한 공부하려고 하면 무한이라고 해도 될 만큼 공부할 시간이 있고, 욕심을 낸다면 꽤 어려운 소망이라도 이룰 수 있을 것 같은 생각이 들고, '여기서부터 여기까지'라고 하는 노력의 한계가

p.98 주어진다면 얼마나 마음의 부담을 덜 수 있을지 모르겠다. 아주 단단히 묶어 주면 오히려 고마운 일이다. 전쟁터에서 싸우고 있는 군인들의 욕망은 단 한 가지, 푹 자고 싶은 욕망뿐이라고 어떤 책에 쓰여 있었지만, 그 군인들의 고생을 딱하게 생각하는 반면, 나는 꽤 부럽게 생각했다. 역겹다. 번잡하고 진전도 없으며 결론도 나지 않는 아무런 근거도 없는 사색의 홍수로부터 깨끗하게 결별하여 그저 너무나 자고 싶다고 갈망하고 있는 상태는, 실로 청결하고 단순하여 생각만 해도 상쾌함을 느끼는 것이다. 나 같은 애는 한 번 군대생활이라도 해서 호되게 단련되면 조금은 주관이 뚜렷하고 아름다운 아가씨가 될 수 있을지도 모른다. 군대생활을 하지 않더라도 신짱 같이 솔직한 사람도 있는데, 나는 정말

p.99 못된 여자다. 나쁜 아이이다. 신짱은 준지의 남동생으로, 나하고는 동갑이지만 어째서 그토록 좋은 아이일까? 나는 친척 중에서 아니, 이 세상에서 제일 신짱을 좋아한다. 신짱은 눈이 안 보인다. 아직 젊은데 실명하다니 이 무슨 일인가? 이런 조용한 밤에는 방에 혼자 있는 게 어떤 기분일까? 우리들이라면 외롭더라고 책을 읽거나 경치를 구경하기도 하며 어느 정도는 외로움을 달랠 수가 있지만, 신짱에게는 그것이 불가능하다. 그저 가만히 있을 뿐이다. 지금까지 남보다 배로 열심히 공부하고 테니스도 수영도 잘 했었는데, 지금의 외로움과 괴로움은 어떤 것일까?

p.100 어젯밤에도 신짱을 떠올리며 잠자리에 들어서 5분 동안 눈을 감아 보았다. 잠자리에 들어 눈을 감고 있는 것조차 5분 동안이 길고 답답하게 느껴지는데 신짱은 아침이고 점심이고 밤이고, 며칠이고 몇 달이고 아무것도 못 보는 것이다. 불평을 하거나 짜증을 내거나 버릇없이 굴어 준다면 내 맘도 편하겠지만, 신짱은 아무 말도 하지 않는다. 신짱이 불평이나 남의 욕을 한 것을 들은 적이 없다. 게다가 언제나 좋은 말을 쓰고 순진한 표정을 짓고 있는 것이다. 그것이 더욱 내 가슴을 울린다.

p.101 이것저것 생각하면서 손님방을 치우고 나서 목욕물을 데운다. 목욕물 당번을 하면서 귤 상자에 걸터앉아 홀홀 타오르는 석탄 불에 비추어 학교 숙제를 다 끝내 버린다. 그래도 아직 목욕물이 끓지 않아서『묵동기담』을 다시 읽어 본다. 쓰여 있는 사실은 결코 싫거나 더러운 것은 아니다. 하지만 군데군데 작가가 잘난 체하는 것이 눈에 띄어 그것이 어쩐지 역시 진부하고 미덥지 못하다는 생각을 하게 만든다. 작가가 나이를 먹은 탓일까? 그래도, 외국의 작가는 아무리 나이를 먹어도 더 대담하고 부드럽게 대상을 사랑한다.

p.102 그래서 오히려 불쾌하지 않다. 하지만 이 작품은 일본에서는 꽤 괜찮다고 하는 작품의 부류가 아닌가! 비교적 거짓이 없는 조용한 체념이 작품의 밑바탕으로 느껴져서 상쾌하다. 이 작자의 작품 중에서도 이것이 가장 원숙미가 있어서 나는 좋아한다. 이 작자는 매우 책임감이 강한 사람인 것 같은 생각이 든다. (다른 작가의 작품 중에는) 일본의 도덕에 너무나도 구애를 받고 있어서 오히려 반발하여 이상하게 불쾌하게 자극적이 된 작품이 많았던 것 같은 생각이 든다. 애정이 너무 깊은 사람들에게 나타나기 쉬운 위악취미. 일부러 악랄한 도깨비의 탈을 쓰고 있어서 오히려 작품을 약하게 만들고 있다. 하지만 이 『묵동기담』에는 외로움이 있고 움직이지 않는 강인함이 있다. 그래서 나는 이 작품을 좋아한다.

p.103 목욕물이 데워졌다. 욕실에 전등을 켜고 옷을 벗고 창문을 활짝 열어젖히고 나서 조용히 욕조에 몸을 담근다. 산호수의 파란 잎이 창문으로 살짝 보이는데, 잎 하나하나가 전등불을 받아서 강렬하게 빛나고 있다. 하늘에는 별이 반짝반짝 빛나고 있다. 몇 번이나 다시 봐도 반짝반짝 빛나고 있다. 위를 쳐다본 채로 누워 황홀함에 푹 빠져 있다 보니 일부러 보진 않지만 내 몸의 뽀얀 피부가 어렴풋이 느껴져 시야의 한 부분에 정확히 들어와 있다. 또한, 가만히 있다 보니 어렸을 때의 하얀 피부와는 다른 것 같은 생각이 들어 온다. 더는 참을 수가 없다. 육체가 내 생각과 관계없이 저절로 성장해 가는 것이 견딜 수 없이 곤혹스럽다. 쑥쑥 어른이 되어 버리는 내 자신을 어떻게 할 수 없어서 슬프다. 시간의 흐름에 맡기고 가만히 내가 어른이 되어 가는 것을 보고 있을 수밖에 없는 것일까?

p.104 언제까지나 인형 같은 몸으로 있고 싶다. 목욕물을 첨벙첨벙 휘저으며 어린애 같은 행동을 해 봐도 왠지 마음이 무겁다. 앞으로 살아갈 이유가 없을 것 같은 생각이 들어 괴로워진다. 마당 건너편에 있는 공터에서 반쯤 울기 시작하면서 "누나!" 하고 부르는 다른 집 아이의 소리에 깜짝 놀랐다. 나를 부르고 있는 것은 아니지만 지금 저 아이가 울면서 따라다니는 그 '누나'를 부럽게 생각하는 것이다. 나에게도 저렇게 따르며 어리광을 부려 주는 남동생이 한 명이라도 있다면 이렇게 하루하루 꼴사납게 갈팡질팡하면서 살고 있지는 않을 것이다. 살아가는 것에 꽤 의욕도 생길 것이고, 한 평생을 남동생에게 바쳐서 진력하겠다는 각오라도 할 수 있다. 정말 아무리 괴로운 일이라도 견뎌서 보여 줄 것이다. 혼자 허세를 부리고 나서 절실하게 스스로를 불쌍하게 생각했다.

p.105 목욕을 끝내고 나왔더니, 왠지 오늘밤은 별이 마음에 걸려서 마당으로 나와 본다. 별이 떨어질 것 같다. 아아, 벌써 여름이 가깝다. 개구리가 여기저기에서 울고 있다. 보리가 와삭와삭 부딪치는 소리를 낸다. 몇 번이고 하늘을 올려다봐도 별이 많이 빛나고 있다. 작년, 아니 작년이 아니다, 벌써 재작년이 되어 버렸다. 내가 산책하러 가고 싶다고 억지를 부리자 아버지가 몸이 아팠는데도 함께 산책하러 가 주셨었다. 항상 젊었던 아버지. 독일어의 "넌 100살까지, 난 99살까지."라는 뜻인 것 같은 짧은 노래를 가르쳐 주시기도 하고 별 이야기를 하기도 하고 즉흥시를 만들어 보여주기도 하고, 지팡이를 짚고 침을 퇴퇴 뱉으면서 늘 하시던 것처럼 눈을 끔벅끔벅하면서 함께 걸어 주셨던 좋은 아버지.

p.107 가만히 별을 올려다보고 있으니까 아버지가 또렷하게 떠오른다. 그로부터 1년, 2년이 지나고 나는 점점 못된 딸이 되어 버렸다. 혼자만이 아는 비밀을 아주 많이 가지게 되었습니다.

방으로 돌아가서 책상 앞에 앉아 턱을 괴고 책상 위의 백합꽃을 바라본다. 좋은 향기가 난다. 백합 향기를 맡고 있으면 이렇게 혼자서 심심하게 있어도 결코 더러운 마음이 생기지 않는다. 이 백합은 어제 저녁에 역이 있는 곳까지 산책하러 갔다가 돌아오는 길에 꽃집에서 한 송이 사 온 것인데, 그 후로 내 방은 전혀 다른 방처럼 상쾌해졌고, 장지문을 드르륵 열면 벌써 백합 향기가 상쾌하게 느껴져서

p.108 얼마나 도움이 되는지 모른다. 이렇게 가만히 보고 있으면, 정말 솔로몬의 영화 그 이상이라는 것을 실감으로 또 신체 감각으로 수긍하게 된다. 문득 작년 여름 야마가타에서 있었던 일이 생각난다. 산에 갔을 때 낭떠러지 중턱에 너무나 많은 백합이 만발해 있었기 때문에 깜짝 놀라서 푹 빠지게 되었다. 하지만 그 가파른 낭떠러지에는 도저히 기어올라갈 수가 없다는 것을 알고 있었기 때문에, 아무리 마음이 끌려도 그냥 보고 있을 수밖에 없었다. 그때 마침 근처에 있던 낯선 광부가 아무 말 없이 척척 낭떠러지로 기어올라가서 눈 깜짝할 사이에 양손으로 안을 수 없을 정도로 백합꽃을 한가득 꺾어 와 주었다. 그리고는 조금도 웃지 않고 그 백합꽃 전부를 나에게 안겼다. 그야말로 정말로 한 아름이었다.

p.109 어떤 호화로운 무대에서도 결혼식장에서도 이렇게 많은 꽃을 받은 사람은 없을 것이다. 꽃 때문에 현기증이 난다는 것을 그때 처음으로 겪었다. 그 새하얗고 너무나도 커다란 꽃다발을 양손을 벌려 겨우 안았더니 앞이 전혀 보이지 않았다. 친절했

던, 정말 감동적인 젊고 착실한 광부는 지금 어떻게 지내고 있을까? 위험한 곳에 가서 꽃을 꺾어다 주었던, 단지 그것뿐이지만 백합을 볼 때면 꼭 그 광부가 생각난다.

책상 서랍을 열고 뒤적거렸더니, 작년 여름에 썼던 부채가 나왔다. 하얀 종이에 겐로쿠 시대의 여자가 교양 없이 털썩 흐트러진 자세로 앉아 있고, 그 옆에 파란 파리 두 개가 곁들여 그려져 있다. 이 부채를 통해 작년 여름이 확 연기처럼 피어 오른다.

p.110 야마가타에서의 생활, 기차 안, 유카타, 수박, 강, 매미, 풍경…. 갑자기 부채를 들고 기차를 타고 싶어진다. 부채를 펴는 느낌이 좋다. 부챗살이 뿔뿔이 펴져 가 갑자기 두둥실 가벼워진다. 빙글빙글 돌리면서 가지고 놀고 있었더니 엄마가 집에 돌아오셨다. 기분이 좋으시다.

"아아, 피곤하다 피곤해!"라고 하면서도 그다지 불쾌한 것 같은 표정을 짓지 않는다. 남의 일을 해 주는 것을 좋아하시니까 어쩔 수 없다.

"어쨌든 얘기가 복잡해서 말이야."라는 말을 하면서 옷을 갈아입고 욕실로 들어간다.

목욕을 끝내고 나와서, 나와 함께 차를 마시면서 이상하게 싱글벙글 웃어서, 엄마가 무슨 말을 꺼내려는가 싶더니,

p.111 "넌 얼마 전부터 '맨발의 소녀'가 너무 보고 싶다고 했었지? 그렇게 가고 싶다면 가도 좋아. 그 대신, 오늘밤엔 잠깐 엄마 어깨를 주물러 주렴. 일하고 가는 거라면 훨씬 더 즐겁겠지?"

이미 나는 기뻐서 어떻게 해야 할지 모르겠다. '맨발의 소녀'라는 영화도 보고 싶다고는 생각하고 있었지만 요즘 내가 놀기만 하고 있었기 때문에 삼가하고 있었던 것이다. 그것을 엄마가 제대로 헤아리고는 나한테 일을 시켜 내가 당당하게 영화를 보러 갈 수 있도록 만들어 주셨다. 정말 기쁘고 엄마가 좋아서 저절로 웃음이 나왔다.

p.112 엄마하고 이렇게 밤에 단 둘이서 지내는 것도 꽤 오랜만이었던 것 같은 생각이 든다. 엄마는 너무 교제가 많기 때문에…. 엄마도 여러 가지로 세상 사람들에게 무시당하지 않으려고 애쓰고 계시는 것이겠지. 이렇게 어깨를 주무르고 있으니까 엄마의 피로가 내 몸에 전해 올 정도로 잘 알 수 있다. 잘 보살펴 드려야겠다는 생각을 한다. 아까 이마이다가 와 있을 때에 엄마를 살짝 원망한 것을 부끄럽게 생각한다. "미안해요 엄마!"라고 입 안에서 작게 말해 본다. 나는 항상 내 자신만을 고려하고 생각하고, 엄마에게는 역시 마음 깊은 곳에서부터 어리광을 부리고 거친 태도를 취하고 있다. 엄마는 그때마다 얼마나 마음이 아프고 괴로울까 하는 그런 것은 전혀 안중에도 없는 나

다. 아버지가 죽고 난 후로 엄마는 정말로 약해졌다.

p.113 나 자신은 괴롭다느니 견딜 수 없다느니 하면서 엄마에게 완전히 의지하는 주제에, 엄마가 조금이라도 나한테 기대기라도 하면 징그럽고 지저분한 것을 본 것 같은 생각이 드는 것은 정말 너무 이기적이다. 엄마도 나도 역시 똑같이 연약한 여자인 것이다. 앞으로는 엄마와 나 둘만의 생활에 만족하고, 항상 엄마의 마음을 헤아려 주고, 옛날이야기를 하기도 하고, 아버지 이야기를 하기도 하며, 하루라도 좋으니까 엄마만을 위한 날을 만들 수 있도록 하고 싶다. 그렇게 해서 멋지게 사는 보람을 느끼고 싶다. 엄마를 마음속으로는 걱정하기도 하고 착한 딸이 되려고 생각하지만 행동이나 말로 보여지는 나는 제멋대로인 아이일 뿐이다. 게다가 요즘의 나는 어린애처럼 순수한 곳조차 없다. 때 묻고 부끄러운 것뿐이다. 괴로움이 있다느니 고민하고 있다느니 외롭다느니 슬프다느니 하고 있는데 도대체 이게 무슨 소리인가!

p.114 확실히 말하면 죽었다. 제대로 잘 알고 있으면서도 한 가지도 그것과 비슷한 명사 하나 형용사 하나 말할 수 없지 않은가! 그저 갈팡질팡하고, 마침내는 버럭 화를 내고, 마치 뭔가와 비슷하다. 옛날 여자는 노예라느니, 자기 자신을 무시하고 있는 벌레 같은 사람이라느니, 인형이라느니 하는 욕을 먹고 있지만, 지금의 나보다는 훨씬 더 좋은 의미의 여성스러움이 있고, 마음의 여유도 있었고, 참고 따르는 것을 잘 해 나갈 수 있을 만큼의 지혜도 있었고, 순수한 자기희생의 아름다움도 알고 있었고, 완전히 보수도 없는 봉사의 기쁨도 잘 알고 있었던 것이다.

p.115 "아아, 안마 잘 하네! 천재구나?"

엄마는 언제나 그랬듯이 나를 놀린다.

"그렇지? 마음이 담겨 있어서 그래. 하지만 내 장점은 온몸 안마뿐만이 아니야. 그것만으론 허전해. 더 좋은 점도 있는 걸!"

솔직하게 생각하고 있는 것을 그대로 말해 봤더니, 그것은 내 귀에도 무척 상쾌하게 들리고, 근래 2, 3년간 내가 이렇게 말을 천진난만하고 시원시원하게 할 수 있었던 적은 없었다. 나의 분수를 확실히 알고서 포기했을 때 비로소 평정심을 가진 새로운 내 자신이 태어날지도 모른다고 생각하니 기뻤다.

p.116 오늘밤은 엄마에게 여러 가지 의미로 보답할 것도 있고 해서, 안마가 끝나고 나서 덤으로 '사랑의 학교'를 조금 읽어 드린다. 엄마는 내가 이런 책을 읽고 있다는 것

을 알면 역시 안심하는 듯한 표정을 짓지만, 지난번에 내가 케셀의 '세브린느'를 읽고 있었더니, 살짝 나에게서 책을 빼앗아 표지를 슬쩍 보고는 몹시 어두운 표정을 지었으나 아무 말도 하지 않고 가만히 그대로 곧 책을 돌려주셨지만, 나도 왠지 싫어져서 계속 읽을 마음이 사라져 버렸다. 엄마는 '세브린느'를 읽은 적이 없을 텐데도 직감으로 아는 모양이다. 조용한 밤중에 혼자서 소리 내어 '사랑의 학교'를 읽고 있었더니, 내 목소리가 너무 크게 바보 같이 울려서 읽으면서도 가끔 시시해져서 엄마에게

p.117 부끄러워지게 된다. 주위가 너무나 조용하기 때문에 바보스러움이 더 눈에 띈다. '사랑의 학교'는 언제 읽어도 어렸을 때 읽고 받았던 감격과 조금도 변함없는 감격을 받아 내 마음도 솔직하고 깨끗해지는 것 같은 기분이 들어 역시 괜찮다는 생각을 하지만, 아무래도 소리를 내어 읽는 것과 눈으로 읽는 것과는 상당히 느낌이 다르기 때문에, (그 읽는 소리의 울림에) 깜짝 놀라서 입을 못 다물 정도이다. 그래도, 엄마는 엔리코가 나오는 장면이랑 가로온이 나오는 장면에서는 고개를 숙이고 울고 계셨다. 우리 엄마도 엔리코의 엄마처럼 훌륭하고 아름다운 엄마이다.

엄마는 먼저 잔다. 오늘 아침 일찍부터 외출하셨기 때문에 상당히 피곤했을 것이라고 생각한다. 이불을 바로 덮어드리고 이불자락을 탁탁 두드려 드린다. 엄마는 항상 잠자리에 들면 금방 눈을 감는다.

p.118 나는 그리고 나서 욕실에서 빨래를 한다. 요즘 이상한 버릇이 생겨서 12시 가까이 되어 빨래를 시작한다. 낮에 목욕탕에서 텀벙거리며 시간을 낭비하는 것이 아까운 생각이 들지만 반대일지도 모른다. 창문으로부터 달님이 보인다. 쭈그리고 앉아 박박 문지르면서 달님에게 살짝 웃음을 던진다. 달님은 모르는 척하고 있었다. 문득 지금과 같은 순간에 어딘가에 있는 불쌍하고 외로운 여자 아이가 나와 똑같이 이렇게 빨래를 하면서, 이 달님에게 살짝 웃음을 던질 것이라고 틀림없이 웃음을 던졌을 거라고 믿어 버리고, 그것은 먼 시골의 산꼭대기에 있는 외딴집에서 깊은 밤에 조용히 뒷문에서 빨래를 하고 있는 괴로운 여자 아이가 지금 있는 것이다. 그리고 파리의 뒷골목에 있는 더러운 아파트 복도에서 역시 나와 같은 나이의 여자 아이가 혼자서 몰래 빨래를 하고 이 달님에게 웃음을 던졌을 거라고 조금의 의심할 것도 없이,

p.120 망원경으로 정말 마지막까지 다 지켜보고 만 것처럼 색채도 선명하고 뚜렷하게 떠오르는 것이다. 우리들 모두의 괴로움을 정말 아무도 모르는 걸. 곧 어른이 되어 버리면 우리들의 괴로움과 외로움은 우스운 것이었다고 아무렇지도 않게 추억할 수

있게 될지도 모르지만, 그래도 완전히 그런 어른이 되기까지의 이 길고 싫은 기간을 어떻게 살아가면 좋을까? 아무도 가르쳐 주지 않는다. 내버려 둘 수밖에 없는 홍역과 같은 병일까? 하지만 홍역으로 죽는 사람도 있고 홍역으로 눈이 먼 사람도 있다. 내버려 두는 것은 안 되는 일이다.

p.121 우리들은 이렇게 매일 우울해 하기도 하고 버럭 화를 내기도 하고, 그중에는 발을 잘못 디뎌 아주 타락해서 돌이킬 수가 없는 몸이 되어 버려서 평생을 엉망진창으로 보내는 사람도 있다. 또한, 굳게 결심하고 자살해 버리는 사람도 있다. 그렇게 되어 버리고 나서 세상 사람들이 '아아, 좀 더 살아 있었으면 알 수 있는 일인데, 좀 더 어른이 되면 자연히 알게 될 일인데…'라고 아무리 억울해 해도 당사자 입장에서 보면 너무나도 괴로운 것을 그래도 겨우 여기까지 참고 뭔가 세상으로부터 듣고 또 들으려고 열심히 귀를 기울이고 있어도 역시 뭔가 탈 없고 무난한 교훈을 되풀이하여 '뭐, 다 그런 거야.'라고 달랠 뿐, 우리들은 언제까지나 원하는 것을 듣지 못하고 마는 것이다.

p.122 우리들은 결코 찰나주의가 아니지만, 너무 먼 산을 손가락으로 가리키며 저기까지 가면 전망이 좋다고 하는 것은, 틀림없이 그 말 그대로 조금도 거짓이 없다는 것은 알고 있지만, 현재 이런 심한 복통을 일으키고 있는데도 그 복통에 대해서는 보고도 못 본 척하며 단지 '자, 이제 조금만 더 참으면 돼, 저 산꼭대기까지 가면 끝나는 거야!'라고 그저 그것만 가르치고 있다. 틀림없이 누군가가 틀렸다. 당신이 틀렸다.

빨래를 끝내고 욕실 청소를 하고 나서 몰래 방의 장지문을 열자, 백합 냄새가 난다. 상쾌했다. 마음 깊은 곳까지 투명해져서 '숭고한 허무'라고도 했을 것 같은 상태가 되었다. 조용히 잠옷으로 갈아입고 있었더니, 지금까지 새근새근 자고 있는 줄로만 알았던 엄마가 눈을 감은 채 갑자기 말을 하기 시작해서 움찔했다. 엄마는 가끔 이런 행동으로 나를 놀라게 한다.

p.123 "여름 구두를 갖고 싶다고 말해서 오늘 시부야에 간 김에 보고 왔어. 구두도 비싸졌더구나."

"괜찮아, 이제 별로 갖고 싶지 않아."

"그래도 없으면 곤란하잖아?"

"응."

내일도 또 똑같은 날이 올 것이다. 행복은 평생 오지 않는다. 그것은 알고 있다. 하지만 틀림없이 올 것이다, 내일은 올 거라고 믿고 자는 것이 좋을 것이다. 일부러 털썩 하고 큰 소리를 내며 이불 위에 쓰러진다. 아아, 기분이 좋다. 이불이 차갑기 때문에 등이 적당히 시원해서 그만 황홀해진다. 행복은 하룻밤 늦게 온다. 멍하니 그런 말을 떠올린다. 행복을 기다리고 또 기다리다 마침내 끝까지 참을 수 없어서 집을 뛰쳐나가 버리고, 그 다음 날에 멋있는 행복 소식이 내가 버리고 간 집을 찾아왔지만 이미 늦었다. 행복은 하룻밤 늦게 온다. 행복은 ——

p.124 카아가 마당을 걷는 소리가 난다. 쿵쿵쿵쿵 하는 카아의 발소리에는 특징이 있다. 오른쪽 앞발이 조금 짧고 게다가 앞발은 O형으로 게 다리라서, 발소리에도 쓸쓸한 버릇이 있다. 자주 이런 한밤중에 마당을 걸어다니는데 도대체 뭘 하고 있는 걸까? 카아는 불쌍하다. 오늘 아침엔 심술을 부려 괴롭혔지만 내일은 귀여워해 줄 것입니다.

나는 슬픈 버릇이 있어서 얼굴을 양손으로 다 가리고 있지 않으면 잠을 잘 수가 없다. 얼굴을 가리고 가만히 있는다.

잠이 들 때의 기분은 이상하다. 붕어인지 뱀장어인지 힘차게 낚싯줄을 당기는 것처럼 왠지 무겁고, 납과 같은 힘이 줄로 내 머리를 확 잡아당겨 내가 스르르 잠이 들려고 하자 또다시 줄을 약간 느슨하게 풀어준다.

p.125 그러면 나는 깜짝 놀라 다시 정신을 차린다. 또 확 잡아당긴다. 스르르 잠이 든다. 또다시 약간 줄을 느슨하게 풀어준다. 그런 일을 세 번인가 네 번 되풀이하고 나서야 비로소 확 세게 잡아당겨서 이번엔 아침까지 잠이 든다.

안녕히 주무세요. 나는 왕자님이 없는 신데렐라 공주. 내가 토쿄의 어디에 있는지 아시나요? 이제 두 번 다시 만나 뵙지 않겠습니다.

다락원 일한 대역문고 – 고급7
다자이 오사무의 여학생
太宰治の女生徒

지은이 太宰治
역　주 최종훈
펴낸이 정규도
펴낸곳 (주)다락원

초판 1쇄 발행 2008년 4월 1일
초판 3쇄 발행 2019년 1월 29일

책임편집 이경숙, 임혜련
교정 정선영
디자인 이수민
일러스트 임미란

경기도 파주시 교하읍 문발리 509-1
Tel: (02)736-2031 Fax: (02)732-2037
(내용문의: 내선 460~465 / 구입문의: 내선 250~252)
출판등록 1977년 9월 16일 제406-2008-000007호

가격 12,000원(교재+오디오CD 2장)

ISBN 978-89-5995-367-7 18730　978-89-5995-296-0(set)